"中国劳模"系列丛书

U0726660

服务菜农的科技攻坚者：
关慧明

邢睿思 / 著

吉林出版集团股份有限公司
全国百佳图书出版单位

图书在版编目（CIP）数据

服务菜农的科技攻坚者：关慧明 / 邢睿思著. --
长春：吉林出版集团股份有限公司，2023.4
（"中国劳模"系列丛书）
ISBN 978-7-5731-3080-8

Ⅰ.①服… Ⅱ.①邢… Ⅲ.①关慧明－传记 Ⅳ.
①K826.3

中国国家版本馆CIP数据核字(2023)第039588号

FUWU CAINONG DE KEJI GONGJIANZHE：GUAN HUIMING

服务菜农的科技攻坚者：关慧明

著　　者	邢睿思	
组稿统筹	东北师范大学文学院创意写作研究中心	
撰写指导	余　弓	
责任编辑	宫志伟　李　鑫	
装帧设计	李　鑫	

出　　版　吉林出版集团股份有限公司
发　　行　吉林出版集团社科图书有限公司
地　　址　吉林省长春市南关区福祉大路5788号　邮编：130118
印　　刷　唐山富达印务有限公司
电　　话　0431-81629711（总编办）
抖 音 号　吉林出版集团社科图书有限公司　37009026326

开　　本　710 mm×1000 mm　1 / 16
印　　张　8.5
字　　数　87 千字
版　　次　2023 年 4 月第 1 版
印　　次　2023 年 4 月第 1 次印刷

书　　号　ISBN 978-7-5731-3080-8
定　　价　45.00 元

如有印装质量问题，请与市场营销中心联系调换。0431-81629729

　　劳动创造财富，劳动创造幸福，劳动创造未来。习近平总书记在2020年全国劳动模范和先进工作者表彰大会上的讲话中指出："全社会要崇尚劳动、见贤思齐，加大对劳动模范和先进工作者的宣传力度，讲好劳模故事、讲好劳动故事、讲好工匠故事，弘扬劳动最光荣、劳动最崇高、劳动最伟大、劳动最美丽的社会风尚。"当今世界，综合国力的竞争归根到底是科技人才和高素质劳动者的竞争。改革开放以来，我们强大的工人队伍用辛勤劳动和拼搏奉献推动中国制造、中国智造、中国创造走向世界的前列，新时代的中国面貌日新月异。大力弘扬劳模精神、劳动精神、工匠精神，加强高素质技能人才队伍建设，打造一支宏大的知识型、技能型、创新型劳动者队伍是伟大时代赋予我们的历史责任。

　　劳动模范是民族的精英、人民的楷模，是共和国的功臣。自改革开放以来，广大职工勇立改革潮头，独立自主，奋发图强，勇于创新，其中涌现出一批批全国劳模和大国工匠，他们参与建设了代表中国高度、中国速度、中国深度的一系列重大工程，提升了国家实力，打造了"中国名片"，树立了"中国品牌"，增添了"中国力量"，充分释放出工人阶级的创新活力，展示出大国工匠强大的创造能力。他们以工人阶级的满腔热忱在各自平凡的工作岗位上创造了辉煌的业绩，书写了新时代的壮丽篇章。

爱岗敬业、争创一流、艰苦奋斗、勇于创新、淡泊名利、甘于奉献的劳模精神，崇尚劳动、热爱劳动、辛勤劳动、诚实劳动的劳动精神和执着专注、精益求精、一丝不苟、追求卓越的工匠精神，是广大劳动群众在社会生产实践中锤炼形成的弥足珍贵的精神财富，是工人阶级伟大品格的具体体现，是民族精神和时代精神的生动体现。民族复兴需要劳动模范，祖国强盛需要大国工匠，中国制造、中国智造、中国创造更需要大国工匠的强有力支撑。劳模、工匠等的成长故事、先进事迹中承载的劳模精神、劳动精神和工匠精神，是激励全国各族人民团结奋斗、勇往直前的强大精神力量。

"中国劳模"系列丛书，采用图文结合的方式，讲述全国劳模、大国工匠和先进工作者的成长经历及他们追梦、筑梦、圆梦的故事，用他们在平凡岗位上创造不平凡业绩的真实故事感染读者，形成劳动最光荣、劳动最崇高、劳动最伟大、劳动最美丽的社会风尚，引导广大技术工人和青少年形成劳动光荣、技能宝贵、创造伟大的观念。

"匠心筑梦，强国有我。"新时代是万象更新、生机勃勃的时代，也是一个继往开来、创新创业和建功立业的大时代。希望广大读者能以劳动模范为楷模，以大国工匠为榜样，立志技能报国、技术强国，踔厉奋发，勇毅前行，锤炼思想品格，汲取劳动智慧，勇于担当、勤于钻研、甘于奉献，为推进新型工业化和乡村振兴，加快建设制造强国、质量强国、航天强国、交通强国、网络强国、数字中国、农业强国，为全面建设社会主义现代化国家贡献青春力量。

中华全国总工会副主席（兼）

中国航天科技集团有限公司第一研究院

211厂14车间高凤林班组组长

2022年11月

传主简介

关慧明，达斡尔族，1962年出生于内蒙古自治区呼伦贝尔盟科尔沁右翼前旗，1985年毕业于内蒙古农牧学院蔬菜专业，现为内蒙古乌兰察布市科学技术事业发展中心推广研究员。享受国务院政府特殊津贴。

自1985年大学毕业后，关慧明始终坚定着"为农民服务"这一初心与信念。他从1988年开始下乡扶贫，研究技术，至今仍奋斗在第一线。

2003年，乌兰察布市推行科技特派员制度，关慧明成了科技特派员的带头人。2006年，关慧明获内蒙古自治区优秀科技特派员荣誉，并作为代表在内蒙古自治区优秀科技特派员表彰会议上发言。

2008年，关慧明根据多年的实践经验，提出了"开发冷凉资源，发展冷凉蔬菜"的建议。这一建议引起了广泛的重视，冷凉蔬菜项目被科技部列入"十二五"国家科技支撑计划，冷凉蔬菜作为产业被农业部在"十二五"期间所明确。关慧明主持的"东北寒区蔬菜优质高效生产关键技术研究与示范"项目被国家科技部批准为"十二五"重大项目。冷凉蔬菜产业规划项目被列入乌兰察布市"十二五""十三五""十四五"发展规划，被内蒙古自治区农牧厅列入"十三五""十四五"发展规划。2012年，关慧明带头在乌兰察布市成立了全国首个冷凉蔬菜院士工作站。

关慧明研发的GC16系列生态制剂实现了绿色环保、高效灭杀病虫害，达到了国际先进水平，GC16-1、GC16-5被认定为国家级科研成果。

关慧明于2000年和2010年两次获得内蒙古自治区先进工作者称号，于2018年被推选为全国人大代表，于2020年获得全国先进工作者称号。

目 录

CONTENTS

第一章　勤在幼年多担当

历尽磨难，初心不改；足沉泥土，眼望星空。劳模是工人阶级的优秀代表，是人民的榜样，是民族的精英。他们站在颁奖台上，也站在人民中间；他们金光闪闪，亦灰尘满面。劳模，生来就是劳模吗？劳模是怎样爱上劳动、坚定信念的？要解答这些问题，或许我们需要回到20世纪60年代，去关慧明的家中寻找答案。

劳动是人类的本质活动，是推动人类社会进步的根本力量。习近平总书记曾指出："劳动最光荣、劳动最崇高、劳动最伟大、劳动最美丽。""劳模精神、劳动精神、工匠精神是以爱国主义为核心的民族精神和以改革创新为核心的时代精神的生动体现，是鼓舞全党全国各族人民风雨无阻、勇敢前进的强大精神动力。"

为弘扬劳模精神，弘扬劳动精神，弘扬中国工人阶级和广大劳动群众的伟大品格，国家会定期表彰一些劳模与全国先进工作者。他们是平凡的人，平凡到就是我们生活中擦肩而过的那个他；他们也是不平凡的人，他们在自己的岗位上做出了卓越的贡献，散发着独特的光芒。

端稳中国碗，装满中国粮，关键在农民，根本在耕地，出路在科技。农业的发展离不开农民的辛勤劳作，也离不开技术人员的潜心研究。

关慧明现为内蒙古乌兰察布市科学技术事业发展中心二级推广研究员，曾在2000年和2010年两度获得"内蒙古自治区先进工作者"的称号，曾于2020年获得"全国先进工作者"称号。他所研发的试剂无毒无害，可以实现对病虫害的防治与灭杀；他所提出的"发展冷凉蔬菜"的建议不仅为农民增收，也为中国农业的发展提供了新思路。

从陪妈妈伐小杆、种土豆的小孩儿到全国先进工作者，关慧明一路走来，勤奋刻苦、不忘初心。他用自己几十年的奋斗经历告诉现在的年轻人，只要肯钻研、肯付出、守住自己的信念，就一定会有回报。

爱听故事的小天使

野草苍翠茂盛的呼伦贝尔草原、广袤葱郁的大兴安岭、汩汩流淌的阿尔善河水……内蒙古的美丽让无数人神往。不同民族的兄弟姐妹在这里集聚，谱写下众多壮丽的诗篇。

关慧明的父母，满族的关承显和达斡尔族的乌云娜就在这个美丽的地方相爱了。

关承显1960年毕业于中国人民大学，是那个年代的高级知识分子。他先被分配到甘河中学、后被调到阿尔山林业一中教书，直至退休。关慧明的母亲乌云娜是一位达斡尔族姑娘，曾考入内蒙古师范学院。在那个国家急需人才的时代，乌云娜尚未毕业就被分配到了阿尔山镇小学教书。工作六年后，乌云娜由于身体原因被迫辞职，告别了讲台，转而在家养病。

1962年2月4日，街上的人们都洋溢着幸福的笑容，小孩子穿着红色的棉袄在路边玩闹，家家户户的门上都倒贴着"福"字。这一天，可谓"双喜临门"，大年三十和立春撞在了同一天，又一个美好的年份即将到来。这样的日子下一次要等到十九年后的1981年。

⊙ 关慧明（后排左二）一家合影

而对于关家来说，这个年是"三喜临门"。十六天之后，1962年2月20日，一声啼哭打破了清晨的宁静，一个可爱的小男孩儿在关家诞生了！

关承显看着这个小小的孩子，一时还有些不敢相信。这个全身都红红的"小肉球"就是自己的儿子吗？关承显轻轻抱起这个婴儿，他是那么软，发出的哭声却很响亮，这突如其来的哭声让关承显手忙脚乱。刚刚生育完的乌云娜躺在床上，看到关承显的慌乱，忍不住笑了起来。幸福久久地环绕着这个家庭。

给这个"小天使"取名字真不是一件容易的事情！关承显把他照料妻儿之外的时间都用来做一件事情：翻字典。"'明'字挺好，人聪明，前途也明亮。""'慧'字可以加上，我们的儿子肯定要有大智慧"……关承显一口气选了十几个字出来，一个一个琢磨它们的寓意。"智慧明达，前途光明！就叫'慧明'！"关承显最终一锤定音。

小慧明最崇拜的人就是爸爸了。四五岁的他常常手脚并用地爬到爸爸身上，央求爸爸讲故事给他听。爸爸的故事库就像掏不空一样，他讲述得也生动，每个故事都让关慧明无比喜欢。

《半夜鸡叫》《白毛女》《一块银元》等故事都让关慧明百听不厌。其中，关慧明最爱的就是《一块银元》了。《一块银元》讲述的其实是一个非常悲惨的故事：在旧社会有一对姐弟，为了给奶奶治病，向地主家借了一块银元。最后无力偿还的他们先后死在了地主的手上。

小小的关慧明每每听到这个故事总是既愤慨又悲伤："旧社会怎么会这样呢！"

听到儿子的控诉，关承显就会告诉小慧明："所以我们要珍惜现在的生活呀！"

一个个的小故事伴随着关慧明的童年，带给了关慧明无限的乐趣。更重要的是，爸爸的讲解让关慧明懂得了这些故事背后的意义。小小的他正接触着新的世界，这使他对新生活充满了无限向往。

除了书中的故事，关承显也常常给小慧明讲以前的事。父亲讲得慷慨激昂，小慧明也听得十分激动。从爸爸的讲述中，关慧明逐渐知道了日本发动的侵华战争给祖国带来的沉重灾难，百姓居无定所、民不聊生，那个时候的人们为了躲避战乱，甚至不得不躲进山里去生活，直到新中国成立后才有了安定的家。那是一个像小慧明一样的孩子没有接触过的世界。父亲的讲述让小慧明对生活和历史有了理解，他也常常和爸爸感叹："还是现在好！"

有担当的大哥

四季轮回，光阴荏苒。随着关慧明弟弟、妹妹们的出生，关承显每月四十多元的工资已难以养活一家六口，家中常有捉襟见肘的窘迫。

那是20世纪六七十年代，粮食紧缺、物资稀少。针对城乡居民的基本生活物资，国家只能实行"定人定量供应"。

阿尔山城镇居民每人每月的供应粮只有二十多斤，其中90%都是苞米面、苞米糙之类的粗粮。白面这种珍贵的细粮一般会被家里留存起来，等到逢年过节或来了客人，由母亲做成馒头、花卷来享用。不仅粮食，那个时候的食用油也是稀有的东西，每人每月只供应二两——不够炒几个菜的。因此，全家每月的一斤二两油只能用来做烩菜。关慧明正是长身体嘴馋的时候，对炒菜的渴望是本能的，可是懂事的他也知道油的珍贵，还是日复一日地吃着烩菜。

父亲忙着教书育人，母亲身体羸弱，弟弟妹妹都是肩不能扛、手不能提的年龄，作为家中的长子，关慧明早在七八岁的时候便成了家里的主要劳动力，每月买粮的任务都压在他稚嫩的肩头。

七八岁的孩子个子小，肩膀嫩，手上也没力气，因此爬犁就成了小慧明买粮的好帮手，大大节省搬运需要耗费的力气。周围的叔叔阿姨都知道关家有个懂事的小慧明，每次关慧明拉着爬犁过来，粮店的叔叔阿姨都会亲切地说："小慧明又来买粮啦？真棒！"然后主动帮忙把粮食搬到爬犁上，关慧明再小心翼翼地拖回家中。

关慧明一家住在林区，那里的劳动强度非常大。周围的邻居常常见到关慧明跟在父母后面，夏天帮忙种地，冬天帮忙伐木。当时年仅九岁的关慧明体力还很差，甚至不能独立地走到种地的地点，

⊙ 20世纪60年代，关慧明的父亲关承显（右一）从中国人民大学毕业

所以常常是走一段、在人拉的小推车上坐一段、再下来走一段。然而，就算是这样，关慧明帮助爸爸妈妈干活儿的态度依旧很坚决，不管是犁地还是播种，关慧明都做得有模有样。

关慧明到了十岁的时候，除了帮爸爸妈妈分担地里的工作，他已开始学着照顾弟弟妹妹、做家务了。做饭、喂猪喂鸡、担水劈柴、缝衣服和被子这些日常家务活儿，以及割猪草、捡粪这些脏活儿累活儿都被关慧明打理得井井有条，干活儿的样子活脱脱一个"小大人"！

四兄妹一天天地长大了，一家六口人的生活变得更加拮据，甚至会出现揭不开锅的尴尬。怎么办呢？还是关慧明的母亲想了一个办法。她想起家附近有一片荒地，就决定去那里种点儿土豆试试。

腐化的树叶为这片荒地提供了丰富的肥料，这片土地又为关慧明一家提供了可以用来果腹的土豆。有的年份"风调雨顺收成好"，收获的土豆不仅够一家人吃，还能用来换钱。这可是关慧明最开心的时候了！因为这笔钱常常会被用来买书本笔墨，再交到他们兄妹几人手上。有了这个做激励，关慧明帮妈妈干活儿也十分起劲儿。现在想来，这段种土豆的经历还真为关慧明之后的职业生涯奠定了基础！

冰天雪地伐小杆

1949年，新中国成立，百废待兴。与发展的需要不匹配的是，这一年我国的水泥产量仅66万吨，钢的产量仅15.8万吨。在这种情况下，木材成为国家经济发展的"顶梁柱"。

关慧明的家乡阿尔山位于内蒙古自治区东北部，横跨大兴安岭西南山麓。大兴安岭有着千里林海、万里松涛，是我国著名的木材产区。那里无霜期短，木材质量极佳，仅十几根原木就能装满一整辆车。大兴安岭附近的火车川流不息，满载着粗壮的林木向远方驶去。在那些遥远的地方，这些木材将成为栋梁，支撑着祖国的建设和发展。四季流转，不变的是工人们辛勤伐木的身影。

木材的重要性使其用途变得极为明确。那时，成材的树木是公有的，由林业工人砍伐，再运输到全国各地；那些不成材的小树则被默许由老百姓采伐。这些小树通常会被修剪掉枝丫，只留下直挺挺的部分拿去盖房子用，因此也被称为"小杆"。

阿尔山的冬季漫长而寒冷，几乎要延续小半年的时间，最冷的时候气温甚至会跌破零下三十摄氏度。寒风凛凛，吹在人脸上带来的疼痛感不亚于被打了一巴掌。就在这个季节里，九岁的关慧明和身体虚弱、才刚恢复元气的妈妈开始了上山伐小杆的工作。

⊙ 关慧明家乡的老房子

母子俩伐小杆的装备可大有说道。零下二三十摄氏度的气温可以说是呵气成冰，在这种严寒之下，棉裤的作用已经微乎其微了。母子俩会用布带子把裤腿绑牢扎紧，尽可能不让寒风灌进去，防止双腿冻伤。积雪带来由下而上的寒冷，母子二人需要先穿上布袜和毛毡袜，再穿上棉胶鞋，差一层都不行。只有这样里三层外三层地穿，才能抵御那深入骨髓的寒冷。手也不能裸露在外，一天至少要戴五副棉手闷子（即加厚棉手套）和五副棉线手套。这个数字可能看起来很夸张，但在实际的劳动中，或许还不够用呢！砍树会让手心出汗，停下来的时候寒风一吹，汗就会结成冰，冻坏手指。所以，他们必须多带、勤换手套。晚上回到家，母子俩还要把手套和袜子烘烤干，以应付第二天劳动时的寒冷。

伐小杆的日子里，勤劳的妈妈常常凌晨五点多起床。她会先烙一锅苞米面饼子，再焖一锅土豆，这就是一家人一整天的伙食了。除此之外，母亲还会准备伐小杆的午餐——苞米面饼子、咸菜疙瘩和水。虽然食物很简单，但是关慧明已经十分满足了，这样的午餐可以为他和妈妈一天的劳动增添力气。

伐小杆的树林离关慧明家足足有十多里路，为了多干些活儿，母子二人常常天还没亮就出发了。去往树林的路都是沙石铺成的，凹凸不平，行走起来非常艰难。瘦弱的母亲和矮小的关慧明佝偻着身子费力拉着人力车，在黑暗和积雪的陪伴下抵达树林。

虽然人小，但关慧明伐小杆可一点儿都不弱，不仅快，干活儿的质量也很高，唰唰几下就能清理干净多余的枝丫，帮妈妈分担了不少的工作。

母子俩通常会把伐好的小杆扎成捆，再绑在人力车上，直接拉去木材厂卖掉。通往木材厂的路依然崎岖不平，甚至很多路段都是一个坡连着一个沟，光是走路都够辛苦了，更别提还要拉着一辆满是木材的人力车了。下坡路段难以刹车，一不小心就会人仰车翻，这种时候小小的关慧明和妈妈就会一个人在车前按住车的把手，另一个人在车后拼命拽住车后架，一点儿一点儿地"挪"下去。

这一套下来对体力的要求极高，成年人都常常唉声叹气、干不下去，但关慧明从来没有抱怨过，反而常常为自己能为父母分担苦累而自豪。一车小杆一般能换来四块多钱。每次关慧明看着妈妈拿着辛苦劳动换来的钱后露出幸福的笑容时，心里都美滋滋的。一个冬天的起早贪黑、辛勤劳动带来的报酬是不菲的。虽然这300多元钱最后会被用来买苞米面，但是爸爸妈妈的夸奖已经让关慧明收获了想要的礼物。

相互扶持的好哥们儿

在关慧明的记忆中，始终有这样一个场景：逼仄的家里挤着十来个学生，因为没有桌凳，学生们只能齐齐地坐在炕沿上，没挤上炕沿的就靠着板箱站着，跟罚站似的。父亲站在最前面，在一块擦得发白的黑板上讲题，学生们仔细听着，时不时往本子上记几笔。

关慧明的父亲关承显是接受过高等教育的，他真切地感受到了知识对于个人命运的改变。为了能真切改变学生的命运，作为老师的关承显可谓呕心沥血、尽心尽力，恨不得班上的每个学生都考上大学。

关慧明每次看到家中挤满了人，就知道这是爸爸又在给学生们"开小灶"了。学生们都特别认真、专注，没有人溜号、偷懒，关承显也下了十足的力气，一遇到重点、难点，他就掰开了揉碎了讲，一遍不行就再来一遍，直到所有学生都学会为止。

李胜军是关慧明几十年的好朋友了。要说两个人是怎么认识的，这还要追溯到关承显的小课堂。李胜军是关承显小课堂的常客，努力勤奋的他深得关慧明一家人的喜爱。

1980年，李胜军走入高考考场，却因为几分之差与心仪的高校失之交臂。李胜军家有兄妹六人，有工作的却只有父亲一人，生活非常艰难。在生活的压力下，李胜军被迫回到柴源林场打零工来补贴家用。

临走那天，李胜军来到关慧明家，既是向关慧明道别，又是向关承显道谢。青年落寞的眼神和诚挚的道谢让关承显心里非常不是滋味，像胸口压了块石头似的难受。那天直到很晚，关承显还在念叨着："李胜军这孩子刻苦啊，只要再努努力，以后肯定有出息。"关慧明也为李胜军感到可惜。终于，父子俩决定去劝说一下李胜军的父亲，让李胜军回学校补习复读。

没有电报、电话等现代通信工具的条件下，要怎么才能和远在几百公里外柴源林场的李胜军父亲说上话呢？思前想后，关承显决定派关慧明坐火车过去，和李胜军父亲面谈。

带着艰巨的任务，关慧明早早地就出发了。林区的小火车缓慢而摇晃，沿途站点很多，逢站必停。火车向前方驶去，顺着苏呼河穿越苏中工区，驶过茂盛的伊敏河林场，来到柴源林场。这一路经过的河蜿蜒而碧蓝，野草苍翠欲滴，林场的美景如同童话世界。可关慧明无心欣赏沿途的风景，他在心中默默措辞，思考怎么说才能带好哥们儿回去继续读书。暮色降临，在咣当咣当的火车上颠簸了七八个小时后，关慧明终于赶到了李胜军的家中。

关慧明转达了父亲的意见和期待，见李胜军的父亲仍有犹豫，就晓之以理、动之以情劝说了一个多小时，直到关慧明口干舌燥，李胜军的父亲才终于松口，同意再给儿子一次机会。听到他终于松口，关慧明激动坏了，自己此行没白来！终于完成了父亲的嘱托，帮助了兄弟！

父亲那边同意了，李胜军又遇见了新的难题：回去复读没地方住怎么办？关慧明的父亲听说李胜军的难处，立刻主动邀请李胜军住在自己家，和自己家人同吃同住。李胜军对关慧明一家心存感激，不仅主动帮忙做家务活儿，学习也更勤奋刻苦了，关慧明常常在半夜看到李胜军挑灯夜读的身影。

努力的人都会收获甜美的果实！经过一整年的努力，李胜军顺利考入中专（编者按：当年高考可以考中专，而且高考的中专录取率比中考的高一些，考上的概率也比较大，因此当时很多人选择在高考时考中专）。在那个时候，没有扎实的基础和刻苦的努力是进不了中专校门的，因此，能考上中专已然是学子勤奋学习和优异成绩的体现了。毕业后，李胜军回到了阿尔山，选择扎根家乡，用知识报答这片土地。

李胜军的努力和选择深深影响了青年时期的关慧明。两位好兄弟常在一起聊心事，也聊怎么回报家乡。二人是哥们儿，更是一起建设家乡的"战友"！

⊙ 关慧明的父亲关承显与母亲乌云娜

第二章　小小少年立大志

少年自有凌云志，不负黄河万古流。所谓"志不立，天下无可成之事。虽百工技艺，未有不本于志者"，立志可以让青少年明确奋斗方向、确定奋斗目标。少年应树立高远的志向，脚踏实地，学求博深，方能成就一番事业。少年时代的关慧明早早立下了自己的志向，并为此付出了过人的努力。实现理想的路上没有捷径，你走过的每一步都作数。

小慧明的英雄梦

关慧明就读的小学离家不太远。在那个时候，很多小孩子都不爱上学，觉得起床太早、上课太累。但关慧明不一样，他总是很期待上学，因为上学的时候，老师会给他们讲英雄故事。

英雄故事并不是每天都有的，只有学生们这一天表现得好，老师才会讲一个英雄故事作为奖励。每次到了讲故事的时候，关慧明总是眼睛瞪得溜圆，生怕错过一个字。董存瑞、黄继光、刘胡兰……这些英雄人物就是关慧明心目中的偶像。

听完董存瑞舍身炸碉堡的故事后，关慧明一整天都很亢奋，心里总是想着这个故事。那天回到家，刚甩下书包，关慧明就问妈妈："我什么时候也能像董存瑞一样，做个大英雄呢？"

关慧明在小学时期读过非常多的英雄故事，像白求恩救死扶伤……关慧明一遍一遍地读，几乎到了倒背如流的程度。

在所有书中，关慧明最喜欢的就是那本《钢铁是怎样炼成的》。关慧明至今都记得他看的《钢铁是怎样炼成的》是红色封面，上面印着士兵的图案。

书中的主人公保尔·柯察金在艰苦的环境下坚守着修建铁路的任务，自己却落得残疾，带给幼小的关慧明极大的震撼，这种

"为了一个目标不要命"的精神让关慧明无比敬佩、热血沸腾。最让关慧明感动的是，保尔·柯察金这个没有丝毫写作经验的人居然在全身瘫痪、双目失明的情况下写完了小说。每每看到这里，关慧明总会感叹："他都可以，我这个健康的人怎么就不能呢？"这种精神也一直鼓励着后来的关慧明，每每遇到困难，他都会想起艰难写作的保尔·柯察金，"跟他比，我遇到的算是什么困难？"当时苏联的书籍很少，加上这本书极其打动人心，关慧明就常常拿来品读，从小学看到了工作时期，一生中看了十几遍，还买了几十本送给朋友。

这些英雄的故事像太阳一样指引着那一代的孩子们，大家都向往并追求着这种"英雄梦"，关慧明也不例外。怎么才能成为一个"英雄"呢？关慧明决定从身边的小事做起。

班上的同学李明患有小儿麻痹症，行走困难，到了冬天在厚厚的积雪上行走更是吃力。一天，关慧明早早地来到了李明家门口，对李明说："我背你去上学吧！"寒冷的天气里，关慧明背着李明，深一脚浅一脚地踩在雪地里，走在上学的路上。或许在李明眼中，关慧明就是个当之无愧的"小英雄"！

关慧明对劳动的热爱也在这个时候开始萌芽与生长。冬天的大兴安岭寒风呼啸，教室里都需要支上炉子才能维持基础的供暖。炉子将教室烘暖需要时间，因此生炉子的人要更早去教室。小孩子正是需要睡眠的时候，谁会愿意早起呢？开始是大家轮流值日，后来开始有人抱怨，有时就去得很晚。当时在读小学二年级的关慧明看到这种情况，就主动承担起了每天生炉子的任务。

9月，很多地方还是暑热未消，阿尔山却已然北风呼啸、雪花飘飘。阿尔山的雪来得早而猛烈，积雪最厚的时候甚至可以没过小关慧明的腰。风一吹，树枝上的雪就被尽数吹落，落到人的头上，不知道的还以为一个个小孩儿都是"少白头"呢！即使这样，也没有冷却关慧明为同学服务的热情。小学期间，他总是第一个到教室，先生炉子，再扫地，连教室卫生都顺手包了。

关慧明的勤劳也影响了他的同学们。那个年代还没有现在那些高级装饰，为了让教室的环境更好，关慧明和同学们就主动在放学后留下来干活儿。

"我找到了一桶白灰，我们去把隔壁空教室刷了吧。""今天咱们打点儿糨糊，把天花板重新糊糊。""最近窗边有点儿漏风，放学之后咱们糊一下吧。"这类对话常常发生在这一班小同学当中，而且往往是一呼百应！

他们的举动也影响到了其他班级，很多同学和老师都对他们竖起大拇指。对关慧明来说，得到老师和同学们的夸奖就是一种莫大的荣誉和鼓励！也正因此，关慧明对劳动的兴趣越来越浓厚，干活儿越来越积极。

小学毕业那天，关慧明更是"大展拳脚"，召集了几个好朋友先是把学校门口的木头码放得整整齐齐，又提了一桶白灰把教室从里到外刷了个洁白如雪，这才恋恋不舍地离开学校。

然而，这些都只是关慧明劳动生活的一小部分。为了培养学生们对劳动的热爱，学校要求小学生参加社会实践。和现在学校的参观、走访一类的社会实践不同，那个时候的社会实践基本都

⊙ 关慧明（最后排左四）小学毕业照

是劳动实践，也就是干活儿。

劳动实践中有一项是"捡粪"。捡粪的场景相当壮观，一群小朋友拿着比自己还高的铁锹，争抢着稀有的"宝藏"——粪块。可别小看这"宝藏"，在那个时候，捡到更多的粪块可是一件值得夸耀的事情！为了这份荣耀，大家可谓是使出了浑身解数，互相比赛着。你今天起得早，那我就比你走得更远；你今天走得更远！又脏又臭？不存在的，只要能获得荣耀，多脏多臭都值得！

读书还是劳动？

小小少年也有烦恼。1975年，关慧明小学毕业，进入中学，也正式开始了自己的"迷茫期"。

关慧明在小学期间听了不少故事，也学了不少知识，成绩一直很不错。升到初中，他心里满是激动和喜悦，终于可以学习更多东西了！

这种喜悦并没有维持多长时间。关慧明很快发现他的老师都比较年轻，上课讲的知识常常浮于表面，可以给学生打下基础，但也仅限于此，很难给关慧明带来挑战。关慧明对此感到非常失望，他期待的课堂应当是启发他思考、开阔他视野的，而不是这样对所有知识都浅尝辄止的。因而，关慧明常常是兴高采烈去上学，垂头丧气回家来。

那个时候高考制度还没有恢复，这也让关慧明更不想念书了，"与其在这里浪费时间，还不如去劳动！"这个想法在关慧明的心中日益强烈。

说做就做！这天回到家，关慧明和父母严肃地说起了这件事："我觉得老师讲的我都懂，太浪费时间了！我还是想去劳动！"

父母听到儿子这样说，一时难以接受。关慧明的父亲又说起了那句从小就告诉儿子的话："知识改变命运呀，你还是要好好读书，读书是有用的。"

然而关慧明还是非常坚定，"可是劳动更有意义！"

关承显并不支持儿子的这种想法，父子俩面对面坐在饭桌边，都沉默地僵持着。妈妈坐在旁边想了想，拉着爸爸进了屋。半个多小时之后，父母一前一后走出来，爸爸终于松了口："你是个大孩子了，爸爸妈妈还是决定尊重你的想法。劳动也是一种学习，让你去劳动也未必就是坏事。"

对于父母的通情达理，关慧明十分感激，发誓不会让父母失望。就这样，过完年后，关慧明就背上行囊离开了家。

他此行的目的地是呼伦贝尔阿荣旗银河乡长发西队，那里也是他的老家。关慧明在那里的两年时间并没有怎么学习文化知识，但过得异常充实。有小时候在家里、学校里干活儿的经验，关慧明在这里的工作上手非常快，再加上一身用也用不完的力气，他可着实干了不少的活儿！白天，关慧明会在地里锄地、拔草，到了晚上就翻地、开拖拉机，变着样地劳动。这样日复一日的劳动使关慧明深刻地体悟到了农民的辛苦，也为他以后长期从事蔬菜工作埋下了一颗小小的种子。

除了劳动，关慧明也看到了农村生活的另一面。原始的农具、破败的房屋、简陋的用品、不通畅的交通……这些都标示着农村的落后与贫穷。这种贫穷被关慧明看在眼里、刻在心里。他在心中暗暗发誓："有朝一日，一定要让农村富起来！"

时间流逝，转眼，关慧明已经在这个小村子里劳动了两年多。就在这个时候，村里传来了一个消息：高考恢复了！

高考恢复了！这是多么振奋人心的消息！如果能考上大学，就有机会学习更多的知识和技能，在以后拥有更光明的未来了。在那个时候，大学毕业生由国家安排工作，不仅如此，表现好的毕业生甚至还可能成为工程师！每每想到这里，关慧明都觉得自己的未来一片璀璨，甚至看到了"工程师"在向自己招手。

因此，在1977年的秋天，关慧明告别劳动了两年的乡村，毅然回到阿尔山林业中学继续读书。父亲的那句"知识改变命运"回荡在关慧明的脑海，更是让关慧明信心百倍，打算一举考上大学，迎接辉煌人生！

然而，现实给了关慧明一个不小的打击。在农村的两年里，他疏于学习文化知识，落下了很多，现在老师讲的知识他可以说是一窍不通。反观那些基础没有他好的同学，因为一直跟班学习，现在个个都比他强一大截。

关慧明有些沮丧了，他意识到了自己和同学之间的巨大差距，甚至开始怀疑自己回学校重新学习这个选择是不是正确的。

就在这个时候，关慧明的父母给了他信心。他们并没有给关慧明摆道理、"喂鸡汤"，而是说了这么几件事：前旗有个兽医，平时看不出来，闹鼠疫的时候可产生大作用了，帮了不少农民；林业局的总工程师刘占和人特别好，总是教周围的邻居们怎么育苗、怎么栽树……父母描述得活灵活现，关慧明也听得仔细。他渐渐明白了一个道理：所谓"英雄"，就是能给社会做出贡献的人。怎么才能给社会做出更大的贡献呢？答案就摆在他眼前：读书！想明白了这件事，关慧明便在心底暗自下了决心，一定要努力读书，不仅为了能考上大学，还为了能给社会做出贡献！

关慧明自己努力，他的老师、同学们也愿意帮助他。关慧明还记得他从农村回校后参加的第一次考试，那是一次化学考试。每天面对着土地、拖拉机的他，怎么能看懂卷子上的"氯化钠""硝酸钾"呢？毫无疑问地，关慧明那次考试取得了一个惨不忍睹的分数。

正当关慧明忧郁失落、一筹莫展的时候，梁峰主动来找他了。梁峰是班上的尖子生，成绩非常好，什么酸、碱、盐，他都分得清清楚楚。看到关慧明失落地看着卷子，梁峰热心地走上前，指着题目和他说："氧化物就是氧元素和其他元素组成的化合物，你看它的化学式，氧化物的公式后面要有个O。"梁峰热情主动地承担起了给关慧明补课的任务，从最基础的元素讲起。晚上放学，别的同学都背着书包回家了，关慧明和梁峰还留在教室里，他们头挨着头，肩并着肩，一个教得用心，一个学得认真，关慧明的成绩也突飞猛进。

除了成绩，关慧明还在另一个地方迎来了飞跃，那就是他的哲学意识。回到学校，关慧明读到的第一本书其实不是数理化，而是艾思奇主编的《辩证唯物主义 历史唯物主义》。关慧明至今都记得那是一本带着白色条纹的小册子。一拿到这本书，关慧明就沉浸其中，读得津津有味。

这本书中传达出的观念深刻地改变了关慧明的思维。在之后很多年的研究和工作中，关慧明都会不自觉地运用辩证的观念，分析事情的本质。也正是受到这本书的影响，关慧明才会想到分析劣势气候环境中的优势，从而萌生了"发展冷凉蔬菜"的倡议。

1980年夏天，激动人心的高考来临了。前一晚，关慧明兴奋又紧张，几乎一夜都没怎么合眼。第二天，他早早地起身，穿上了妈妈早就准备好的、象征吉利的红色衣服，走进了考场。

在考试时，关慧明细心而专注，认真对待每一道考题。在成绩出来之前，他一直相信和期待自己可以收获一个满意的成绩，一举考上大学。然而，公布成绩时，关慧明好像被打了一闷棍——这个分数并不足以让他被大学录取。事实上，关慧明的考分对于只学了一两年的人来说已经不错了，但只是"不错"还不够，这个分数并没有达到关慧明的预期。回到家里，他把自己关在屋里，脑子里也乱糟糟的，不知道自己以后应该怎么办。

命运是瞬息万变的，关慧明的机会来了！老师告诉关慧明，现在要招收第一批的"少数民族预科班"了！关慧明觉得非常幸运，因为他是达斡尔族，有了这个政策，他就可以去内蒙古农牧学院预科班学习了！

终于步入大学的关慧明告诉自己，一定要抓住这个机会，加倍努力，做一个对社会有用的"英雄"！

与蔬菜结缘

提起关慧明，他的大学同学们都会竖起大拇指，称赞他："真的是个勤劳的人！是个好同学！"的确，虽然已经进入大学读书，但小学时养成的热爱劳动的习惯依然深深刻在关慧明的骨子里。每天早上，关慧明都会早早地起床，为了不惊动同宿舍的同学，他会轻手轻脚地出门。关慧明每天都会走一条固定路线，先是去热水房给同学的壶里都打上热水，然后去食堂给同学们买早点送回宿舍。有一些起得早的同学常常会看见关慧明大包小裹地回宿舍，"早餐来了，快来吃！"

虽然凭着勤劳获得了老师、同学们的广泛认可，但关慧明深知自己和其他同学还存在着不小的差距。身边的同学都是高考成绩达到录取线的，个儿顶个儿的"学霸"。自己虽然也经历了高考，但毕竟成绩没有他们理想。意识到了这点的关慧明并没有灰心、自卑，反而坚定了信心：一定要把学习搞上去！

那时，大一、大二的学生很少能接触到专业的老师。没有老师，那就自己学！图书馆中，常常能看到他认真读书的身影；郊区的菜地里，常常能看到他在调研学习。为什么是菜地里呢？其实，同学们还在对选择专业犹豫不决的时候，关慧明已经早早确认了方向——学习蔬菜专业！

在关慧明前十几年的生活中，蔬菜可以说是他最熟悉的东西之一了。跟妈妈种土豆的经历和中学的乡村生活使他对蔬菜有了基本的了解。更重要的是，关慧明时常会想起小时候食物不够的窘境和在农村看到的贫穷景象。他深知要想改变这一切，最好的切入点就是生活中最常见的蔬菜。

两年的大学时光一闪而过，关慧明在大三这一年正式进入蔬菜专业学习。最让关慧明高兴的是，他在这一年接触到了很多专业的老师。这些老师或严肃，或亲和，但都学识渊博，且乐于鼓励刚刚起步的关慧明。老师的教导对关慧明来说比宝藏还珍贵，这意味着他终于可以把书本上学习的理论知识，和在生活中学到的实践经验结合起来，更好地为农民服务了！

在关慧明的记忆中，有几位老师对他的影响至深。

林维申教授是关慧明在大学后半段时期接触得最多的老师。他是当时内蒙古自治区仅有的五名正教授中的一名，水平极高。

寒假来临，同学们纷纷制订起游玩的计划，关慧明却接到了林维申教授布置的新任务："关慧明，你得学淘粪。"淘粪？那不是小学时劳动实践课要做的吗？为什么现在还要做？关慧明心中有很多的疑问："我考上了大学，还得淘粪？"此时的关慧明尚未意识到"淘粪"这一举动的重要性，也就没有去。

⊙ 关慧明（右一）在林维申老师家请教问题

"关慧明，你若不去淘粪，你将来都不知道什么样的粪质量好，多少车粪一亩地够用！"林教授的强调引起了关慧明的思考。是啊，大粪作为种菜的常见肥料，对蔬菜的种植起着重要的作用。大粪的数量和质量要怎么拿捏呢？光靠书上的知识似乎并不足够。关慧明决定听从教授的话，重新开始淘粪。

于是，关慧明就跟着一个姓云的老人，开始了自己的淘粪之旅。不仅淘粪，这次关慧明还做了很多事。春天，他就学着筛炉灰、搞无土栽培基质、扣塑料大棚、播种栽苗；夏天，就摘下种植的西红柿、黄瓜去卖。就这样，关慧明慢慢对蔬菜种植更加了解了。

关慧明的吃苦耐劳也被林教授看在眼里。一天，他和关慧明说："要想学好种蔬菜，你就不要在学校住了，你去温室大棚里住。"

当时，学校有四个蔬菜大棚，共15亩地，全部都是由同学自己管理，自产自销。听到林教授的话，再想到温室的情况，关慧明觉得教授说的是对的，于是毅然搬去了温室。每天二十四小时在温室中生活，让关慧明逐渐开始了解温室的构造，也让他发现了温室在实际应用中的问题。虽然暂时还无法解决，但关慧明将这些问题一一记在心里，没事就琢磨。

关慧明与林教授建立了良好的关系。每每林教授外出讲学，关慧明总会跟着他去，帮助他把准备工作都做好。有时林教授去郊区调研，也会主动叫上关慧明。

　　蔬菜专业的学习，很重要的一个部分就是深入到田地间。关慧明的班主任赵青岩是搞育种的专家，另一位老师周倩则毕业于中国农业大学。在课堂上，赵老师和周老师悉心讲授，耐心作答。到了田地里，师生就是平等的了，不分老师学生，一群人下饺子一样下到田地间。翻地、种苗、盖温室，虽然这些技术活儿也要付出很多体力，但老师们也干得毫不马虎。

　　勤劳努力的关慧明得到了老师们的认可与帮助。大学毕业的前半年，周倩老师对关慧明说："你呀，将来好好搞专业，你能搞得好。"就在关慧明感谢老师的时候，周倩老师又说："学蔬菜呀，得下到农村去，不下可不行。"

　　说着，周倩老师就开始帮忙联系林业厅的厅长，说："我这边有个学生，学习啥的都很好，现在就想去各地的农村调研，去了解了解生产的实际情况。"厅长很爽快地同意了。就这样，关慧明获得了宝贵的调研机会。

　　在那段时间，关慧明与同学吴小雷一共去了内蒙古自治区的七个盟市进行调研。即将毕业的关慧明和吴小雷掌握的实践知识还都是源于之前的劳动，可以说非常有限。菜要怎么种？技术是怎么回事？他们其实对这些问题还没有概念。怀揣着这些问题，他们前往各个盟市，去看当地的温室结构、蔬菜种类，还会去问一问农民这些菜都怎么种。

　　关慧明的大学生活就在前往各地调研的途中落下了帷幕。这种半学习半实践的方式让将要毕业的关慧明深刻意识到实践的重

⊙ 关慧明（左一）与周倩老师合影

要性。生产的每一环节做什么、怎么做？关慧明在调研实践中，不断丰富着自己的学识。

除此之外，关慧明也深刻感受到一种落差。在课堂上学习的知识不够用，有时实践也不能和生产很好地对上号。这种落差让关慧明意识到：只有边学习，边实践，才能具备更强的专业能力，才能真正做到为农民服务。

第三章 脱贫事业"施肥人"

王小波说："梦想虽不见得都是伟大事业的起点，但每种伟大的事业必定源于一种梦想。"梦想的重要性可见一斑。你还记得年少时的梦想吗？你还在为它坚持吗？大学毕业后，关慧明进入了一个与自己的梦想毫不相关的单位。有过苦闷，有过彷徨，但他还是坚定了自己的选择——去追逐自己的梦想！

不对口的工作

1985年，关慧明结束了约半年的调研学习，拿到了毕业证书。看着印有自己名字的毕业证书，关慧明的内心无比激动。从得知高考恢复的那天起，他就在期待着这一天。现在，他终于可以大展拳脚，用自己学到的知识和实践中获的经验帮助农民了！

然而，天不遂人愿。关慧明被分配到乌兰察布四子王旗农业技术推广站工作。

农业技术推广站的主要职责就是向农民推广新的农业技术，指导农民生产。毋庸置疑，农业技术推广的工作和关慧明的所学所想是有一定契合度的。那为什么还说这份工作不遂人愿呢？问题在于四子王旗的气候条件。四子王旗位于内蒙古自治区中部，隶属于乌兰察布市，中温带大陆性季风气候，一月份平均气温–17℃，极端最低气温曾达–39℃。在这种气候条件下，谁会去种菜呢？如果没有人种菜的话，关慧明又该去帮助谁呢？这份看似对口的工作在这种尴尬的条件下，成了一个空架子。

如果说关慧明的第一份工作是一个空架子，那么他的第二份工作可以说是连空架子都没有了。1984年，乌兰察布市科技馆建成，位于集宁旧区恩和路50号。该馆于2017年重建，现面积达1.73

万平方米，设有五个常设展厅。当年关慧明毕业工作的时候，科技馆才刚刚建成，馆内人手紧缺，有大学学历的更是屈指可数。科技馆归属科技局管理，在这种情况，科技局干脆下发了一纸调令，把当时正迷茫无措的关慧明和其他几个大学毕业生一起调到了科技馆。

来到科技馆，关慧明第一个认识的人是他的领导——马俊英。

这位马俊英来头可真不小！刚进科技馆，关慧明就听说了馆里有个领导是大专家，是工程师，还参与过中国发射的第一颗人造地球卫星——东方红卫星的研发。这金灿灿的履历让关慧明心生敬畏。

马俊英十分善于发现下属的优点。一次，马俊英发现关慧明能把单位的材料总结得很好，细问之下，得知关慧明刚刚大学毕业，是有文化的人。马俊英觉得把关慧明留在科技馆着实是有些屈才了，就主动引荐，将关慧明调去了局机关当秘书。

看似获得了更好的机会，可对于关慧明来说，在局机关工作和在科技馆工作本质并无不同。枯燥的工作、用不上的专业知识、违背了的初心都让关慧明十分失落，不能做自己想做的事，不能帮助自己想帮助的人，在哪里又有什么区别呢？

关慧明想起大学时的自己。那时他正和同学在山上劳动，大汗淋漓间，同学问他："关慧明，你未来的理想是啥？"

关慧明回答说："我的理想是有一个大农场。"那时的理想是那么的辽阔，关慧明觉得自己生来就该和土地相伴。

此时再看自己，坐在书桌前和成沓的文件相伴，虽然体面，但与年少时的理想已背离甚远。关慧明深知自己不能再这样下去了，他该去追寻自己的理想，他该去农民之间做他本来想做的事。

关慧明找到了自己的领导，和他说："领导，我想了一下，我还是不太想做秘书。我想去农村，我想去帮助农民。"

领导不理解关慧明的想法，觉得他年轻气盛、思想幼稚，就问他："那你想去哪个村？"

关慧明早已瞄准了方向，回答说："咱们科技局底下不是有个农业基地吗？我想去那儿帮忙。"

领导说："那些基地也不归咱们科技局管，咱们只是提供技术服务，你去能干啥？关慧明，你不要觉得秘书是谁都能当的！"

关慧明深知领导这是出于关心自己，是在为自己的未来考虑，但想到自己"为农民服务"的初心，关慧明还是决定一头扎到地里去，去帮助需要帮助的人。

脱贫用"奇招"

清水河县位于内蒙古自治区中部，地处内蒙古高原和黄土高原的交界地带。清水河县是当地有名的贫困县，直至2019年4月18日，清水河县才退出内蒙古自治区的贫困旗县序列。1990年，关慧明离开了科技局，来到了清水河县杨家窑乡。在这里，关慧明努力帮助村民增产、推广新兴技术。

当时县里安排的工作是让关慧明和他的同事们帮忙开展玉米的旱地覆膜种植工作。覆膜指的是在土地上盖一层塑料薄膜，在薄膜之下种植作物。覆膜种植的主要作用体现在两个方面，一是可以稳定地表温度，夏天降温、冬天保暖；另一方面可以有效减少地表水分的蒸发，保持土壤水分。同时，覆膜种植在减少肥料损耗、抑制杂草生长等方面也有一定的作用。

出乎关慧明意料的是，农民虽然热情地欢迎他们，但并不支持他们的工作。有好几次关慧明白天刚满头大汗地带人把膜覆上，到了晚上农民就悄悄地揭掉了。第二天一早关慧明看着光秃秃的一片地傻眼了。"在农村推广一个新东西真的太难了！"几次下来，关慧明不禁感叹。

为了把覆膜落实到位，关慧明想过很多办法。他试图用通俗的话告诉农民覆膜的作用，但农民并不相信他那一套。无奈之下，关慧明干脆用起来"蛮办法"，组织了几个人白天晚上不间断地守着覆膜地。

夏去秋来，收获的季节到了。这个秋天，杨家窑乡的农民们收获了一份巨大的惊喜。经过关慧明覆膜的玉米亩产都超过了一千斤，对比不覆膜的五六百斤，几乎增加了一倍！农民们特别高兴，连忙握着关慧明的手感谢他："关老师，多亏了你当时坚持，我们才能丰收！"农民们还是不能理解覆膜的原理是什么，但是他们已经真真切切地看到了效果。对他们来说，什么天花乱坠的原理都没有用，效果才是真正的硬道理！

经此一役，农民们覆膜种植的积极性也提高了不少，第二年关慧明再带人覆膜的时候，他们已经会主动帮忙了。在关慧明和同事以及农民的共同努力下，没用两年旱地覆膜技术就在这个地方全面推广开来了，使更多农民迎来了大丰收。

从春天开始就在地里忙着覆膜的关慧明在完成自己使命的同时，还开动脑筋，试图帮助更多的农民。玉米种植可以覆膜，那小麦种植呢？马铃薯种植呢？关慧明没事就拿着塑料薄膜蹲在地里琢磨。他的试验有的取得了成功，有的也会失败。但不论成功还是失败，这些试验都为他积累了经验、带来了思考。

在那两年，关慧明去了很多村子。他帮助村民取得丰收，也目睹了村民的难处。关慧明至今还记得那个叫"高家山"的小村子。那里屋舍破败、人口稀少，整个村子加起来也不过二十几户。村民们住的地方常常漏风、漏雨，也没有一张多余的床，到了晚上，关慧明和他的同事们就只能和村民挤在一个炕上。

这样的条件，能创造奇迹吗？关慧明对此非常坚定："能！"关慧明和他的同事因地制宜，耐心指导，高家山村民勤劳肯干，巧用技术，大家通力合作，到了秋天，他们真的创造了奇迹，迎来了大丰收。高家山村的玉米亩产达到了一千四五百斤，这是多么振奋人心的一个数字！玉米的增产无论对高家山村民还是对关慧明都是一种激励。"虽然辛苦，但是这种收获感让我感受到自己学农业的价值，也是激励我们前进的动力！"带着这份动力，关慧明始终在路上。

关慧明的工作常常需要因地制宜，然而，"因地制宜"四个字说起来容易，实际做起来，要考察的东西可真不少！气候、市场、土壤等常见的考察因素暂且不提，关慧明在工作中，还常常需要面对一些地形上的"突发情况"。

罗家村是国家级贫困村，全村有五十七户人家，村民们几乎都是靠种几亩薄田来维生。这里的村民们常年面临着两个问题，一是怎么种菜，二是怎么卖菜。

罗家村地理位置特殊，有一条小河在村子中间流淌，小河两边都是石头滩，扣了棚也很难种菜。同时，罗家村距离集宁（内蒙古自治区乌兰察布市集宁区）约有十五公里，看着不算多远，可这中间需要翻过一座石头山，很多地方又没有路可以走，村民们只能骑一会儿自行车，把车筐放倒推着走一会儿，卖一次菜的难度系数堪称五星。

一筹莫展的村民们决定去寻求关慧明的帮助。罗家村独特的情况引起了关慧明浓厚的兴趣，那段时间，关慧明每天都要骑车去罗家村看看。小河两边都是石头滩就不能盖温室吗？关慧明不信这个邪。从传统的温室到非传统的温室，关慧明和村民们一遍遍尝试，又一遍遍推翻，一起摸索出了一条新路。他们从身边取材，把乱石滩的石头做成温室的墙，再往里面拉点儿土，利用小河沟的水种菜。

罗建军老两口在村子里生活了大半辈子，艰苦的生活他们也过了大半辈子。看到关慧明带领大家盖大棚，老两口立刻跟上了大部队的步伐。勤快的老两口一口气盖了两个棚子，等到了秋天，他们共收获了八九千块钱。这可给老两口激动坏了，拉着关慧明的手一个劲儿地道谢。

⊙ 20世纪90年代，关慧明（右一）在罗家村和村民们一起交流摸索

村民们也纷纷效仿起关慧明的这一"奇招"，仅两年时间，罗家村就盖起了四十多个温室大棚。勤奋的耕耘和巧妙的技术为村民们带来了收获，不到三年的时间，大多数农民都盖起了砖房，买上了摩托车。有了摩托车，农民们去集宁卖菜就方便多了。可以说，关慧明的技术一下子解决了罗家村村民们最头疼的两个问题，让村民们的生活发生了翻天覆地的变化！

罗家村的河水汩汩流淌着，罗家村的村民也幸福生活着。关慧明有时会去看望村民们。对他来说，每一个村子都是他学习的场所，都是他奋斗的战场。

农田里的问题

农田是一个神奇的地方，它以宽广的胸怀孕育着供人果腹的作物，同时接纳着其他各种野生植物和动物。这些野生植物和动物有的无伤大雅，有的却会带给田地很大的隐患乃至伤害，必须尽快解决。

野燕麦是一种随种传播的植物，繁殖力极强，生长速度快。野燕麦的存在会消耗土壤中的水分，其种子易混入其他种子内，从而使得农作物的质量降低。

1991年，关慧明来到四子王旗大黑河乡。在这里，他帮助村民解决种植中遇到的困难，也研究玉米移栽、玉米覆膜等技术。

⊙ 20世纪90年代，关慧明（右一）在田间配药

大黑河乡的村民们一直都有一块"心头病"，就是这"野火烧不尽"的野燕麦。在许多年间，村民们陆陆续续想了很多办法，有的时候一时见效了，可是没过多久，野燕麦就"春风吹又生"了。

关慧明经过多方打听，得知有一种叫"燕麦微"的除草剂，对灭除野燕麦有奇效。经过关慧明亲力亲为的引进和喷施，地里的野燕麦果然少了很多，农民们的"心腹大患"也就此得到了解决。

那几年，关慧明去了很多村庄，见到了很多农民，也了解了很多问题。有的问题如野燕麦一样，踩着前人的肩膀，解决起来没有那么费力；有的问题则完全没有经验可以借鉴，前路只能靠关慧明自己摸索。

农民赵春才和老伴住在集宁郊区，平时主要靠种植黄瓜为生。一次，他们发现自己家种的黄瓜叶子上都长着黄褐色的斑点，就像是生了铁锈，好好的黄瓜都蔫了，把手头上的农药都喷了一圈也无济于事。要知道，这黄瓜可是老两口这一年的收入来源！老两口真是着急上火，赶紧找到关慧明求助。

关慧明去地里走了一圈，发现这个问题真是比想象中更棘手：一是不仅赵春才一家，其他农民的地里也出现了这种情况；二是这种病害，关慧明从未见过，翻遍了书也找不到记载，只知道这是一种非常特殊的营养失调状态。

一个共性的、没见过的问题，解决起来的难度太大了，这根本不是一天两天就能解决的。然而，眼看着病害发展迅速，黄瓜没几天就枯萎死亡了，关慧明知道，这个时候农民们能依靠的只有自己。农民们没学过那么多知识，解决不了，如果自己再解决不了，那这个病害可能就会让农民的辛劳和金钱全都"打水漂"。

重重的担子压在了关慧明身上。在那段时间里，每天早上五点，关慧明都会准时出现在地里。农民们一般五点起草帘子，到了六点就下地干活儿了，关慧明需要抓住这宝贵的一个小时和农民们讨论。白天，农民们种地，关慧明就翻资料、搞试验、做研究。农民们都支持关慧明的工作，家家户户的大棚都开放着，随时欢迎关慧明和他的同事们进去试验。农民们的支持和信任让关慧明十分感动，也深深鼓舞了他，他想着无论如何也不能让这些农民们失望！

关慧明和同伴可谓废寝忘食、通宵达旦地研究，整颗心都扑在了黄瓜的这种"铁锈病"上。觉可以不睡，饭可以不吃，什么都可以不做，但是问题不能不解决！抱着这个决心，关慧明和同事在短短的几个月内尝试了无数种方法，配制了好几种试剂。终于，在不知道第多少次的试验中，他们成功了！关慧明和同伴研制出的试剂可以迅速解决黄瓜的"铁锈病"，让黄瓜苗重焕生机。

试验成功后，还没来得及高兴，关慧明和同事就赶紧告知农民们。农民们得知这个消息后都无比开心，他们争先恐后地向关慧明表达感谢，索要试剂。关慧明一边激动于替农民们解决了问题，一边也犯起了难。这个试剂不贵，核算下来一亩地也就一两块钱，但是需要的多了，这个数字就大了，关慧明自己很难负担这个支出。

负担不起是客观的，关慧明却不想让农民们失望。大家都很支持他的工作，加上长时间住在一起，关慧明也和农民们有了感

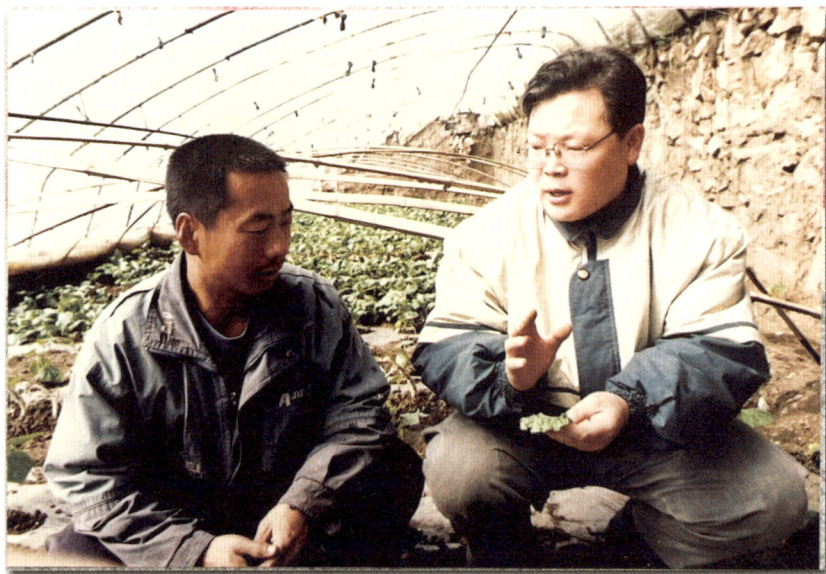

⊙ 2000年，关慧明（右一）给农民讲授种菜知识

情。这试剂本来就是为农民们研制的，怎么还能收他们的钱呢？关慧明向上级汇报过，给政府有关部门打过申请，虽然遇到了重重的困难，但终于，这批试剂免费发到了农民们的手里。

农民们高兴，关慧明自己也感到十分幸福。黄瓜"铁锈病"解决了没多久，赵春才偷偷和关慧明说："关老师，你也知道我们卖菜，赚的都是五毛一块的。前两天我和我老伴把窗帘一拉，门一锁，一算，我们今年就这一亩地的黄瓜赚了九千多块钱，还是得感谢关老师你啊！"

关慧明听了开心得不得了。给农民服务，让农民增收，这本来就是自己做事的目标，如今的确帮助到了农民，目标正在一点儿一点儿地实现，怎么能不让人喜悦呢？

成功会带来喜悦和自我认同感，但经历过挫折和探索后仍坚持不懈，最后终于取得的成功，对一个人来说或许成功的过程是更有意义的。这次黄瓜"铁锈病"的解决让关慧明充分体悟到了要解决一个问题的辛苦、解决了问题的快乐和成就感。他知道自己以后还会面对更多的技术难题，但是为了农民收入的增加，关慧明觉得自己还是要勇往直前。

事实上，这次的黄瓜"铁锈病"的确只是关慧明解决疑难问题生涯的一个"开场"。在此之后，这种没有研究成果、只能靠自己摸索的疑难杂症，关慧明遇到过很多次。一次，农民小范急匆匆地来到关慧明家中，"关老师，我们这地里的西红柿眼看着就枯萎了，你们可得帮帮忙啊！你们可是农艺师，要是你们都解决不了，那我们可怎么办啊！"

关慧明赶到地里，发现这又是一种自己在书本上没有见过的病害。他想起自己解决过的黄瓜"铁锈病"，心想，这次自己或许也可以试一试。关慧明知道，在这个时候，自己就是农民的主心骨，所以自己必须稳住，就告诉小范说："放心吧，这个事我们肯定解决好。"

又是一次疑难杂症，又是一场要靠自己摸索前路的"探险"。关慧明和同事们又是早出晚归地试验，废寝忘食地想办法。好运气当然会眷顾努力的人，关慧明和他的同事们这次很快就发现了一种药剂。发现容易，但这药剂还真不是什么简单的东西。这种药剂可以说是全新的，是关慧明和同事"发明"出来的，甚至当时都还不知道化学结构。

当然，了解药剂的化学结构不是眼下最急迫的事，对关慧明和他的同事们来说，在所有农民都在焦急等待、苦苦期盼的时候，最重要的还是抓紧时间把药剂生产出来，给农作物用上。关慧明找到工厂，委托它们来生产药剂。在争分夺秒生产和派发之后，药剂分发到了大家手上。药剂的效果虽不能说是立竿见影，但也称得上是效果显著，没用多长时间，田地里的西红柿就再次变得红彤彤的了。

关慧明一次又一次地向技术难关发起挑战。关慧明的坚持和挑战使他赢得了农民们的信任，农民们的信任也给了关慧明坚持下去攻克难关的动力。每天早上关慧明的门口都会站着很多农

⊙ 2000年，关慧明（左一）在集宁郊区移民区进行服务培训

民。早起卖完菜的他们常常马不停蹄地带着生病的叶子来求助，关慧明也会尽自己所能帮助农民们。对关慧明来说，农民的需要和期盼，真的是一种莫大的鼓励！

职业还是理想？

所谓"天将降大任于是人也，必先苦其心志，劳其筋骨，饿其体肤，空乏其身，行拂乱其所为，所以动心忍性，增益其所不能"。在事业大成的路径上，人们往往会遇到无数道坎，有的人跨不过去，就只能摔在原地；有的人跨过去了，迎接他们的就是海阔天空。

1991年，关慧明正身处田间地头，醉心于研究大棚和农药。他不知道的是，乡村外面的世界正在发生着巨大的变化。

"办实体"的风在这个时候吹遍了中国，行政事业单位纷纷市场化，开办自己的产业并自负盈亏。关慧明的单位也赶上了这股"潮流"。

这天，关慧明正在田地间研究作物，关慧明的领导就来找他了。关慧明听到领导和他说："现在这个时代呀，都开始搞实体啦！咱们单位也开了饭店，现在正是需要人手的时候，你得回单位啦！你想去哪个岗位？"

　　一边是保障自己生活的职业，一边是自己热爱的事业，该怎么选择？在这个两难的命题下，关慧明其实想得异常简单："我读书的时候学的就是农学，那不就应该做农业吗？而且在农村看着村民们接受一个新产品，这种挑战和价值感多过瘾！用真理去征服一片土地、帮助一群农民，让他们过上更好的生活才是我关慧明真正应该做的！"关慧明在心中想了一遍，就已经做出了自己的决定。

　　然而，想得明白是一回事，说出来又是另一回事。真正到了和领导交谈的时候，关慧明的嘴笨了起来，不说原因，也不提情况，只知道和领导说："我就要留在农村！"

　　领导见关慧明"油盐不进"，语气也强硬起来："留什么农村，快点儿，你要选哪里！"

　　关慧明干脆和领导"吹胡子瞪眼睛"地顶撞起来："我就选这里，我就要留在农村，我哪儿都不去！"

　　两个人不欢而散，领导觉得关慧明不懂事，关慧明则觉得领导不理解自己的理想。临走的时候，领导给关慧明丢下了这样一句话："那就给你停薪留职，你去农村吧！"

　　关慧明当时也是年轻气盛，嘴上绝不服软，听领导这么说了，他立刻回应："停就停，我就要到农村去！"

　　如果说前几年还是单位派关慧明下到农村去，那现在可完全不是了。关慧明这一犟，直接犟断了自己的经济来源。可是后悔吗？关慧明在心中想了半天，还是觉得真的不后悔。经济来源没了的确是个挺大的事，但是日子好过坏过都能过，相比之下，还是服务农村这件事更有意义、更值得付出。

想明白了之后，关慧明又把自己的心思投入到了为农民服务之中。与从前不同，这一次，他是真的心无旁骛、毫无挂牵了。

关慧明的这个决定给他带来了他在农村工作最艰苦的一段时期。当时关慧明和他妻子的工资都是一两百块钱一个月，家里还有一个孩子，一家三口靠夫妻俩的工资生活，不算富裕，但也还算稳定。然而关慧明的工资一停，生活条件立刻就发生了改变，现在只能靠妻子一个人的工资养活一家三口了。更要命的是，关慧明把全部精力扑到了地里，不仅一点儿收入都没有，还总要买些药品、试验品，这笔不小的支出让一家人的生活更难了。

好在妻子知道关慧明的理想，也支持他的理想。在妻子的鼓励下，关慧明一如既往为农民做着事。他在大棚里和农民一起工作，边学习、边实践。有时碰到农民解决不了的、书本里也没见过的难题，关慧明就根据自己学过的知识做试验。做试验其实是一件很辛苦的事，一方面要面对无数次的试错而不能灰心，另一方面，试验品都要关慧明自掏腰包购买。正是因此，对当时的关慧明来说，每一次试验其实都是不小的挑战，都是一道道的"坎"。

"历经天华成此景，人间万事出艰辛。"后来再回忆起这段生活，关慧明感慨地说："我现在想，那些困难的克服还是得益于我们对科技的向往，得益于农民的理解、家庭的支持和组织的培养！"

第四章　终结病害勇当先

病虫害一直以来都是农民的心头大患。"四虫两病"的侵袭、斑潜蝇的危害、各种未知虫害的挑战……病虫害以收成为"要挟"，一次又一次地挑战着种植技术。当农民为了病虫害一筹莫展时，关慧明总会站出来。看似只是拿起试剂解决病虫害，但只有关慧明知道，这个过程中不是没有挫折，不是没有失败。关慧明用所有的挫折和失败武装起了自己，把所有的尝试和经验当作了指向病虫害的利刃。关慧明就是农民心目中当之无愧的"病虫害终结者"。

斑潜蝇虫害

2000年，内蒙古正丰集团遇到了一个棘手的大麻烦。一天，他们发现正在种植的马铃薯幼苗忽然大批量死亡，把常见的农药喷了个遍也无济于事。

正丰集团没有办法，连忙外聘专家来察看。专家来察看后，确诊这是斑潜蝇虫害，但是也没有办法能解决。

斑潜蝇首次被发现于美洲，1993年传入我国，最初是在海南三亚发现的，后来于1995年传入我国北方。斑潜蝇危害范围广、危害速度快、造成的灾情严重，属于很难防治的一类虫害。斑潜蝇的幼虫会潜伏在叶肉内，形成阻碍叶片光合作用的隧道，从而造成植物死亡。

正丰集团就是遇到了这种虫害。虽然知道了幼苗死亡的原因，但好像也无济于事。这种虫害本身防治困难，加上传入我国时间短，专家们对此种虫害研究甚少，因而前来"会诊"的专家们没有一个人能真正解决正丰集团所遭遇的问题。

山重水复疑无路，柳暗花明又一村。就在正丰集团以为这批马铃薯要赔钱了的时候，有人主动找上了门，这个人就是关慧明。

关慧明到了正丰集团后，没用几天就杀灭了斑潜蝇，让马铃薯幼苗重焕了生机。专家、博士都做不到的事，关慧明是怎么做到的？其实，斑潜蝇对于关慧明来说，可是"老朋友"了。

那还是1997年。一天，集宁市委组织部长赵建平着急地找到了关慧明，"关老师啊，你可得帮帮忙！这地里不知道是长了什么虫子，那黄瓜全被吃光了。老百姓急得把下乡的干部都围住了，再不解决我们大棚都种不了了，这可怎么办啊！"

关慧明听着事情严重，连忙让赵建平先带他去地里看看。这一看吓一跳，前两天还水灵灵的黄瓜此刻是蔫的蔫，枯的枯，几乎全被虫子吃光了。这吃的哪是黄瓜？吃的分明是百姓的钱啊！眼看着家家价值几千块钱的黄瓜都枯了，农民们急得不行，赶紧围住了关慧明，你一言我一语地说个不停。

"大家别着急，这个问题我肯定给大家解决好！"别说农民们，这种虫子关慧明自己也没见过，但是看着农民们焦急的神情，关慧明下定决心，一定要把问题解决！

之后的两个月，关慧明过得焦急而充实。白天，他会在农田里做各种各样的试验；晚上，他就翻阅大量的书和资料。资料中凡是和眼前的虫害沾点儿边的内容，全都被关慧明记录下来，任何一点儿蛛丝马迹他都没放过。随着研究的深入，关慧明渐渐地知道了这种虫子就是斑潜蝇，是从国外传进来的。他研究着斑潜蝇的习性，思索着怎样才能彻底消灭它们。

研究、调配、推翻重来，这就是关慧明那两个月生活的全部。没有现成的东西可以使用，没有成熟的理论可以借鉴，研究过程中的关慧明就好似走在大雾之中的人，每一步都靠自己蹚，每一个方向都靠自己摸。看不见前路的摸索当然也会让关慧明感到焦虑，感到难熬，但一想到地里的黄瓜，想到农民们急切的心情，关慧明就又来了动力，撸起袖子继续干！

功夫不负有心人！两个月的努力研究获得了一个好的结果，关慧明通过一点儿一点儿的摸索，竟真的发明出了可以解决斑潜蝇的制剂。听说这个消息，农民们大清早就等在了关慧明的门前。关慧明把试剂调配好，免费发放给了农民们，还亲自盯着田里虫害的情况，确保农民们把几千亩地的虫子都消灭干净了才放心。

再波澜壮阔的历史，定格成文字也不过短短几行；再巨大的成功，定格成文字也不过寥寥几笔。关慧明发明的试剂除了解决了黄瓜病害，其实还有更为深刻的意义。当时，国内还没有人能解决斑潜蝇的问题，关慧明的胜利可以说是具有历史意义的，是前无古人的。

自此之后，农民们再不会为斑潜蝇而烦忧了。关慧明则继续向前走，用自己的知识和技术解决着更多的难题，帮助着更多的农民。

妙解虫害难题

农业种植的土地，包含了太多的东西。它是历史的发源，是十几亿人的口粮，更是农民的心头血。虫害侵袭，农民们的神情总是无奈的、焦急的。关慧明见过了太多这样的神情，可每一次还是会为农民的焦急而焦急，为农民的无措而奋斗。

2006 年的一天，夜色如墨，万籁俱寂。远在二连浩特的赵龙、赵虎兄弟俩披着夜色风尘仆仆地赶到了关慧明的门前，看着他们忧心忡忡的样子，关慧明连忙让请他们进门，问他们怎么了。

兄弟俩看到关慧明就像是看到了救星，门也不进就握着关慧明的手对他说："关老师，我们在二连包了五百亩地种洋葱。本来前些年一直挺好的，但今年不知道为啥，这洋葱就得了病。这地投资了二百多万呢，关老师，您可得帮帮我们，您要是说不行我们就不投资了。"

兄弟俩话语恳切，关慧明自然是义不容辞。只是，关慧明那时才刚刚从山西赶回来，还没有休息过一天。在山西日夜颠倒的忙碌让关慧明精神疲累，脚部浮肿，此时他甚至穿不上鞋子。"明天吧，今天挺晚的了，明天我去看看。"听着兄弟二人的恳求，关慧明应承下来。

赵龙、赵虎一边感激关慧明，一边在心里隐隐着急，对关慧明说："关老师，我们兄弟俩好几天没睡觉了，就等着您呢，再耽误，怕地里的洋葱都坏了啊！"

听了这话，关慧明深感情况严重和紧急，连夜驱车350公里赶到了地里。地里的洋葱都是蔫的，看起来问题是挺严重，但关慧明的心定了下来。经验告诉他，虽然问题严重，但也不是不能治。关慧明在地里连着观察了好几天，问情况，做试验，没用多长时间配制出了药剂，治好了这五百亩地的病害。

看到关慧明治好了这五百亩地，两兄弟几乎要流下泪来，握着关慧明的手一直说感谢。两兄弟始终感激关慧明的帮助。直到现在，关慧明每次去二连，赵龙、赵虎两兄弟都要来探望，总要说："关老师，当时您真的是救了我们了，当时我们要是垮了，这龙头企业就站不住脚了，这么多年就没法带着农民再往前走了。"

谁帮了农民，农民自然会记得他、感谢他。这种事每年都会发生很多次，关慧明每到一个地方都会获得农民的认可，农民们口耳相传，关慧明的影响力也逐渐从内蒙古自治区扩大到了邻近省份。

2007年夏天，关慧明接到了来自山西朔州的一通电话："关老师，您来一趟朔州吧，全村的老百姓都在盼望您。我们地里的辣椒还没成熟都就掉到地上了，要绝收了！"

关慧明一听"绝收"，顿感问题严重，立刻赶到了朔州。关慧明到朔州的时候已经是半夜了，当地辣椒龙头产业、辣椒加工产业的老板和农民们都十分感激关慧明的到来，给他安排了休息别墅，但是关慧明哪里顾得上休息呢？婉拒了休息别墅，一落地就让人带他去地里看看。

不看不要紧，这一看可真是吓一跳！那是一望无际的一片辣椒地，所有的辣椒都东倒西歪地掉在地上，整片地看起来毫无生机，在夜色的笼罩之下，只有一片浓浓的枯萎的气息。一看到这种情况，关慧明的两条腿开始发抖了，说不清是因为连轴转的疲惫，还是因为情况的过分严重。虽然在这些年里他看过了很多发生病虫害的田地，但这种情况他也没见过。

　　回到休息的地方，关慧明沉默不语，脑子飞速运转想着应该怎么办。老板和村民们看关慧明不说话更着急了，以为是钱的问题，连忙说："关老师，无论多少钱我们都拿！"

　　关慧明见他们会错了意，回答说："我想的就不是这个问题。现在这个情况也是我没见过的，一旦确定方案，这几千亩地投资得上百万，万一救不过来这人力物力损失得有多大？我得再想想。"

　　之后的几天，关慧明就一直在地里做试验。能不能救成呢？关慧明最初心里也没底，但在无数次的试验之后，这份没底渐渐变为自信。拿到关慧明特意派车去集宁取的制剂，老板和村民们都十分激动。经过三四天每天两次喷药，这片土地又焕发了生机。

　　为了表示感谢，老板和村民们凑了钱给关慧明，但是关慧明拒绝了。他只是说："不是钱不钱的问题，能治好我就很开心了。"并非"假清高""立人设"，见过关慧明的人都知道，这就是他的心里话。

　　人有时间计划，但病虫害没有。农民遇到的问题往往紧急而严重，关慧明虽然想帮助每一位农民，但时常分身乏术。一次，关慧明正在科技部做汇报，就收到了来自江西的电话，说江西那边发生了虫灾。虫灾危害起作物来是那么快，关慧明现在去也不一定来得及，怎么办？关慧明只能选择通过视频通话的方式"隔空会诊"，把自己的药剂配方推荐给江西那边的负责人。

　　关慧明一直在思考着如何能用自己的力量帮助更多的农民。在帮助农民解决虫害的同时，关慧明常常会把药剂的配方也交给

⊙ 关慧明在实验室做实验

农民。有的配方涉及全国重大利益，不能公开，关慧明就和科技部的领导、自治区的主席、书记等建议："我想把配方公布出来，让大家都能及时用到。"

上级领导考虑得更多，提出了建议："你这个技术公布出去之后，老百姓也不一定就能用得上，国外还可能很快就有替代产品进入中国市场，所以还不能公布。你的想法是好的，咱们还是要把它在国内产业化。"关慧明听从了建议，但同时也在探索着更多的方式。

就这样，关慧明帮助着全国各地的农民们。从1997年的斑潜蝇虫害、2000年的霸王河虫害到2019年帮助察右中旗的农民、2021年帮助农民张小平夫妇，关慧明始终在基层、在一线、在帮助农民的路上。

关慧明真心实意为农民服务，农民也认可他。凡是关慧明去过的地方，之后再发生严重的病虫害，大家都会想到"让关老师来看看，关老师看过了说不行大家也认可"。这样的话对于关慧明来说是认可，更是努力前进的动力！

"我和农民是血肉关系，特别是千家万户就有千万种情况，也让我学到了很多的东西，我也愿意为此做出牺牲和努力。"说到这些年做出的贡献，关慧明这样表示。

"神奇"制剂

走在人生的路上，最快的脚步从来都不是冲刺，而是坚持一步一个脚印地向前跑。"一颗坚硬光滑的石头你天天盯着看，早晚会看出一条缝；一件事情你天天琢磨，早晚会琢磨出一个结果来。只要有基础知识，对一个事情矢志不渝、坚持不懈地研究，肯定会研究明白。"关慧明认为自己的很多收获、成就其实都是源自"坚持"的力量，而最具代表性的事例莫过于关慧明对于GC16系列制剂的研究了。

红蜘蛛、蓟马、粉虱、根结线虫等蔬菜病虫害危害性极强，一直以来都是农民和专家们的心头大患，然而国际上却一直都解决不了。关慧明在实践中也遇到过这些问题，但是他最初并没有想过要去解决它们，"我也没有那么高的学历，怕是解决不了。"

时间飞逝，当年的小伙子现在已经是一名成熟的科技人员了。二三十年的实践和每一次遇到病虫害时的试验为关慧明积攒了经验，也让关慧明看到了很多农民在面对病虫害时焦急、无奈的脸。他暗自下了决心："我有实践经验，也有杀斑潜蝇的经历，这个重任还是应该由我担起来！"

决心是下了，可是，要达成技术突破怎么会是容易事？更何况关慧明所拥有的研究资源几乎为零。从理论层面来看，这几乎是一次"前无古人"的研究，可参考的有效资料少得可怜；从设备条件来看，关慧明和他的同事们只有内蒙古自治区农牧业科学院蔬菜研究所的王勇所长帮忙提供的几台显微镜；从人员构成来看，当时整个团队也没几个人，只有两个来实习的大学生做帮手。这样的条件，要开展研究真是困难重重。

如果要说整个团队拥有什么，那就是坚持下去的毅力了。为了能切实有效地解决病虫害问题，关慧明可是实打实地下了苦功：白天在地里帮农民解决问题、做试验，晚上在实验室观察、思考。对照实验每天几十组几十组地做，分析报告每天几千字几千字地写，忙碌的关慧明几乎从来没有在凌晨三点前睡过觉。

"当以一心行万事，聚焦一点，持续发力，将缔造奇迹。"关慧明每天都会用显微镜研究观察对象，每次一盯就是好几个小时，一年要看上千个小时。

成功时常会以偶然的面貌出现，但这绝不意味着成功是偶然的。在长达几年不间断观察后，偶然的一天，关慧明正和往常一样观察着红蜘蛛。突然，关慧明动了一下蜘蛛网，出乎意料的一幕出现了——红蜘蛛紧急地行动了。想着可能是偶然，关慧明又动了几次蜘蛛网，每一次他刚刚动完，蜘蛛就会有所行动。关慧明终于弄明白了，原来蜘蛛网就是红蜘蛛的"生命线"！关慧明赶紧查资料、做实验，他找到了破坏蜘蛛网的方法，然后不出意料地发现，蜘蛛网被销毁后，蜘蛛也死了。

你走过的路，每一步都算数。此前二三十年的每一次实践、试验中的每一次失败都是一次收获，都是一个被排除的错误选项，都是一盏照向成功终点的灯。2017年，在无数次的试验和三次理论提升之后，关慧明和团队终于确认了生物对称性是解决虫害的重要基础。

据此，关慧明和团队研制出了GC16系列制剂。它包括GC16-1（粉螨平1号）、GC16-2（蚜平2号）、GC16-3（粉平3号）、GC16-4（蓟平4号）和GC16-5（灰霉平5号），对红蜘蛛、蓟马、白粉虱的灭杀率达到80%以上，对蚜虫、白粉病的防治效率达到95%以上，对灰霉病防治效率超过85%。

GC16与农药完全不同，它是以牛羊屠宰后的下脚料和青草为原料的，是真正的无毒无害、绿色环保的制剂。"它是可以饮用的。"关慧明这样介绍它。从原理上说，GC16系列制剂不是直接杀死病虫害，而是将病虫害与外部环境隔离开来，改变病虫害的生活环境，从而破坏其运动能力、呼吸系统和菌丝体，达成灭杀病虫害的目的。

研制出这样高效、环保的试剂，关慧明和同事心中都十分激动。他们迫不及待想把试剂推广到全国，让全国的农民都用上。然而，他们遭遇了一个从未想过的难题——在试剂推广上遭遇了困难。

得知关慧明研制出GC16系列试剂，专家们的第一反应不是兴奋，而是怀疑："国际上有专门研究红蜘蛛的团队，也有专门研究蓟马的团队，这么多先进团队花了这么多年都没能解决的难题，你关慧明就都解决了？这怎么可能？"专家们都不相信关慧明能做到，有人当着他的面说："老关，这不可能啊。"还有人背地里说："这个老关肯定胡说呢，他这个人说话可真没谱。"

虽然没有收获预期的惊喜，但关慧明内心其实是能理解专家们的反应的。他想，或许自己还要做更多的努力，才能把制剂推广出去。

虽然王勇所长和中国农业科学院的陆庆光教授是相信关慧明的，但这还不够。如果想要推广，关慧明就要争取更多人的相信。关慧明采取了一个"笨"办法——背着显微镜、带着虫子去各个大学演示。

在演示时，关慧明总是力求用最简单的话说清原理、用最简单的方式让对方相信。一次，关慧明带着他的试剂和虫子来到海南大学。在和好友朱国鹏教授一起吃饭的时候，关慧明直接在饭桌上演示了试剂的杀虫效果。

看着眼前死掉的虫子，朱国鹏教授难以相信，"老关，这不可能！"

关慧明说："这就在眼前发生了，有啥不可能的？"

朱国鹏教授发问："那你这原料是啥？"

关慧明回答："我不要原料，你现在拿来虫子，我就在咱们这个桌子上找几样吃的东西，我配起来然后就能杀虫！"说着，关慧明在桌上的菜里选了几样原料开始配制。看到这里，朱国鹏教授才真正相信这试剂不仅杀虫效果好，而且绿色无害。

正巧海南正在为有毒蔬菜而发愁，又正巧关慧明的技术在海南科技厅立项了，再加上关慧明的演示说服了海南大学的专家们，在这之后，海南大学就主持建立了一个相关专家工作站，支持并帮助关慧明开展工作。

虽然演示过很多次，但在关慧明心中，最有效的一次还是给中国工程院方智远院士演示的那次。当关慧明给方院士演示了杀虫的过程、说明了杀虫的原理后，方院士非常重视，认为这是个颠覆性技术，就带着关慧明去了云南，和朱有勇院士面谈。

听到方院士的说明，看到关慧明的演示，朱有勇院士立刻重视起来，说："如果成功了，这可是一个颠覆性的技术！在国际上可是个领先技术！我来做机理研究！"在方院士和朱院士的帮助下，制剂的机理研究已经基本完成了。

要研发和推广一种新的制剂，那难关可是一关接着一关。在申请专利上，关慧明也碰到了"钉子"。国家专利局对配方类专利有着严格的限制，需要有能证明的实际意义才能申请到。关慧明最初申请专利就是因此被拒绝的。

2019年，在乌兰察布市领导的带领下，关慧明去国家专利局见了雷司长。只带了制剂和虫子的关慧明信心满满，他知道自己此行必定能让国家专利局看到效果，给予批准。

见到雷司长，关慧明没有多余的废话，他先是用制剂杀死了带来的虫子——演示了试剂的杀虫效果，然后直接喝下了试剂——证明它的绿色无毒。关慧明的这一番操作震惊了在场的人，雷司长连忙问他："这是什么原理？"

关慧明用简明的语言介绍了原理，他的介绍成功引起了雷司长的重视，"这可是颠覆性的技术啊！这得让专家重新评！"

关慧明最清楚这制剂是怎么研发出来的，他自信地说："国际上都找不到能杀死这几种虫子的药，你们可以随便去找，如果这个世界上还有什么药人能喝又能杀虫子，那我这就不是发明了。"

专家们在全世界范围进行了搜索，发现果然没有这样的试剂，就叫上关慧明再演示一次。就在这次仅一个小时的演示后，关慧明的配方专利获得了批准。

现在，关慧明研发的制剂已经应用得越来越广泛。很多农民用这一系列制剂除掉了虫害，获得了丰收。每每听说农民们用制剂除掉了虫害的消息，关慧明都会酣畅淋漓地睡一觉。"因为心里踏实、高兴！农民的笑脸就使我们高兴！"关慧明这样说。

⊙ 关慧明在温室试验GC16系列生态制剂对番茄灰霉病的防治效果

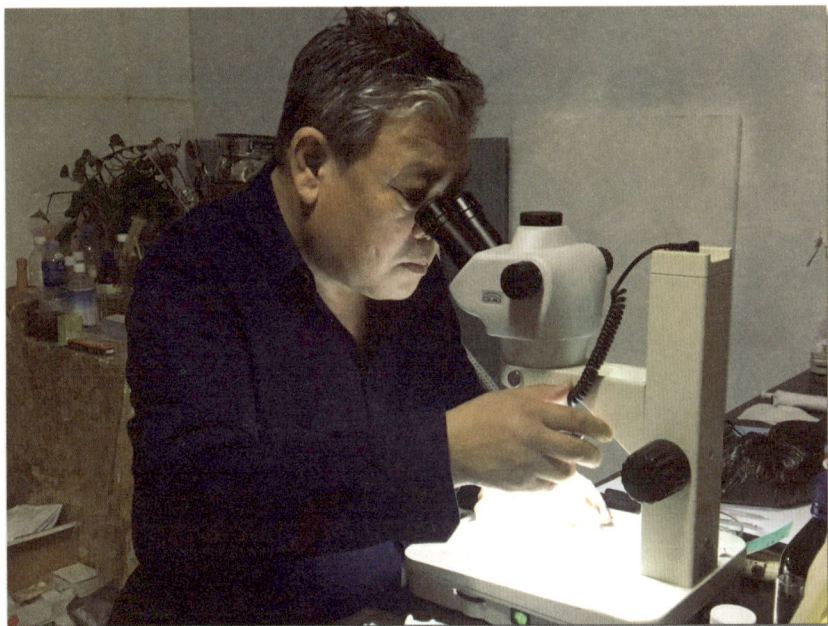

⊙ 2017年4月12日，关慧明在实验室工作

⊙ 2017年4月30日，关慧明（左四）在天津田间开展GC16系列生态制剂
杀虫试验

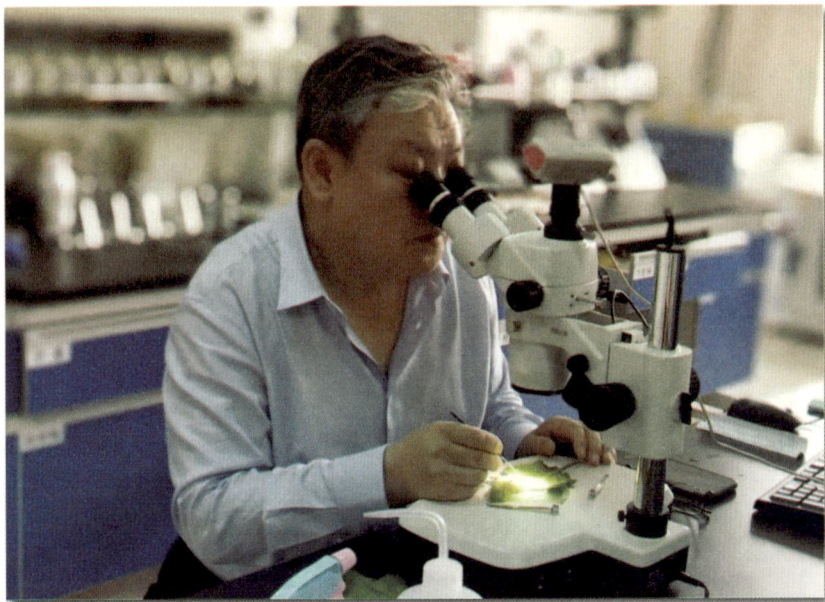

⊙ 关慧明在海南大学冷凉蔬菜院士工作站实验室观察试剂的杀虫效果

第五章　"冷凉蔬菜"作用大

"气候冷凉的地方就不适合种植蔬菜"，在很长的一段历史时期，农民都是这样想的。然而，正如法国哲学家阿尔贝·加缪所说："有的时候我们自以为很笃定的事，实际上却非如此。"经过很多年的实践和研究，关慧明终于发现，气候冷凉或许并不是种植蔬菜的劣势，相反，在很多时候它还会成为一种优势。这个结论是从何而来的？这还要从关慧明很多年前的一次发现说起。

一个创新的理论

关慧明提出的"冷凉蔬菜发展战略"被认为是少数民族地区经济发展的重大理论突破，同时被内蒙古自治区农牧厅列入"十三五""十四五"发展规划项目。所谓"冷凉蔬菜"其实指的就是适合在气候较为冷凉的地区夏季种植生长的蔬菜，如甘蓝、西兰花、洋葱等。这类蔬菜的最适宜生长温度一般在17℃到25℃之间，因而适宜种植的地区一般也纬度较高。

2008年，关慧明根据地域特点，结合自身多年的实践经验，提出应"开发冷凉资源，发展冷凉蔬菜"。这一倡议的提出在当时吸引了很多目光，引发了很多讨论。关慧明是如何将目光投射到冷凉蔬菜产业的呢？这还要从十年前说起。

1999年，关慧明在河北省尚义县帮助农民解决西芹斑秃病。一天，他忽然听到农民们在纷纷谈论同一件事——种洋葱。这里也没有人种洋葱啊？带着疑问，关慧明问了一位农民，这才知道是县里有人回来了，还带回来一个消息，那就是有人要高价收购洋葱。这个消息让村民们亦喜亦忧。喜的是这的确是一个好消息、大订单，要是拿下来真能挣不少钱，忧的是村子里根本没有人会种洋葱。

不能让到手的订单跑了！刚好村子里有一位现成的农业专家，这不就是个大好的机会吗？村民们连忙挤到了关慧明的门口，向他求助。关慧明自然是一口答应下来，这也就开始了他辅导种洋葱的旅程。

没有人会种，关慧明就亲自上阵。整席子、搂地、播种之类的活儿关慧明都自己上手做，一边做一边从头开始教，每天都要跑六七块地。有时候遇上洋葱的病毒病、斑潜病、根蛆病，关慧明就用自己掌握的技术帮农民解决。关慧明如此用心，农民们自然也不马虎，每一次的"关慧明洋葱小课堂"都里里外外地围着好几圈人。就这样来来回回几个月，关慧明终于把一班村民都培训出师了。

关慧明和村民们的共同努力带来了丰收，当时每亩地都收获了上千元。不仅如此，关慧明的种植技术还开始慢慢辐射，从尚义县一路辐射到了内蒙古自治区的比邻县，如兴和县、商都县，造福了更多的农民。

两年以后，关慧明在乌兰察布市察右中旗考察，他发现侯翠荣老师在那里带领农民们种植的胡萝卜已经高达几万亩，在商都县种植的西芹也发展到了一两万亩。看似不适宜种植作物的地方，为何种植得如此成功？关慧明坚信，种种看似巧合的现象背后一定藏着一个必然的本质。为了发现这个本质，关慧明从植物习性思考到气候、土壤、水源，还真发现了门道！

这还要从乌兰察布市的气候条件说起。乌兰察布市属于大陆性季风气候，气候冷凉，昼夜温差大，日照时间长，因此刚好适宜种植胡萝卜、甘蓝这类喜欢凉爽的蔬菜。夏季的南方地区气温太高，种不了这些蔬菜。乌兰察布市的东西两侧地区气温都更高，只有乌兰察布市夹在中间，气候凉爽，有着种植这类蔬菜得天独厚的条件。

除此之外，乌兰察布市还有一个种植冷凉蔬菜特有的优势，那就是交通运输优势。乌兰察布市距离北京约300公里，距离天津港约400公里，那边还有很多外商，可以说市场广阔。气候和市场的双重优势让关慧明看到了劣势表面下的优势、现象背后的本质，他敏锐地意识到，把"气候冷凉"这一劣势转变为优势的机会来了！

这个发现让关慧明无比激动，但他也十分清楚，到目前为止这还只是自己的一个猜测，还需要靠实践来进一步验证。关慧明"露天蔬菜大范围种植"的倡议带给农民新思路，关慧明自己也先后在五六个旗县进行了技术指导，大家共同的努力带来了不错的结果。当地有好几个村子都是靠着这个倡议和关慧明的指导发展起来的，比如兴和县，目前它的菠菜种植已经发展到了十几万亩，农民们也因此收获了更多的财富。

卓资县十八台镇梅力盖图村位于乌兰察布市，气候冷凉，年降水量300多毫米，年无霜期85天。受到气候条件的限制，作物在这里很难正常成熟，因而这里的居民一年到头都只能用土豆代替蔬菜。

2000年，关慧明在考察了梅力盖图村的条件后，决定将"中甘11"甘蓝引入该村。"中甘11"甘蓝是蔬菜的新品种，生长期约为70天，是关慧明特意从中国农科院引进的。虽然作物生长需要的条件和梅力盖图村的条件是匹配的，但这里的村民世世代代都没种过菜，种植到底能不能成功呢？关慧明的心里也不敢百分百确定。好在，只要我们把事情做好，就总会有收获。最后成熟的甘蓝包裹紧、味脆甜，是个儿顶个儿的好甘蓝！

这次的收获不仅丰富了关慧明对于冷凉蔬菜的认知，也让梅力盖图村的村民记住了这位有头脑、有技术的科技人员。

2008年，当时的县委书记常培忠找到了关慧明，"你在丰镇红砂坝搞得很好，我们都知道。对于我们梅力盖图村，你们科技人员能不能想想办法，再帮我们发展发展？"梅力盖图村可是关慧明的老朋友了，听到常培忠的请求，关慧明一口答应下来。

2008年，关慧明开始在梅力盖图村组织村民们种植胡萝卜、南瓜、洋葱、西兰花。这些蔬菜都是喜冷凉的蔬菜，最适宜在梅力盖图村的气候条件下种植。除了种植，关慧明还会在销路上留意。

有一位南方的客商之前每年都要在河北省的张北县收购西兰花，但张北县夏季气温要更高一些，种在那边的西兰花常常还没到日子就提前冒芽了，出现的"满天星"似的黄点，严重影响了西兰花的质量。一听说这件事，关慧明顿感机会来了。他找到县领导，说："刚好咱们村的气候条件适合种西兰花，又刚好南方客商要收购西兰花，这两边一搭线，不就是农民增收、商家获利的'双赢'的事吗？"

县领导听了也觉得是件好事，非常支持这个项目的引进。项目引进来了，农民的积极性也都大幅度提升了，加上政府的支持和关慧明的指导，梅力盖图村建起了8000亩的西兰花蔬菜种植基地，还配套建立了冷藏加工厂。没过三四年，这里的西兰花种植就超过了2万亩，每亩地的平均收入也上千了，可以说，梅力盖图村真正发展起来了！

多次的实践逐渐丰富和证实了关慧明的理论，"发展冷凉蔬菜"这一想法在关慧明脑中已然成熟。2008年，关慧明把自己的想法汇报给科技局的领导："咱们这儿的气候条件不多见，夏天比较凉，所以刚好适合种植冷凉的蔬菜。我觉得这是咱们地区发展的优势，将来也能成咱们的特产！"

科技局领导听完关慧明的想法和这些年的实践结果，觉得的确可行，就给关慧明提了建议："这是个新概念，确实不错，应该在全国形成专家队伍，咱们就能发展起来！"

在科技局领导、方智远院士等人的支持下，关慧明在全国提出了"开发冷凉资源，发展冷凉蔬菜"的倡议。这一创新性倡议引起了广泛的关注，市委市政府、内蒙古自治区科技厅将冷凉蔬菜列入了发展规划战略中，业内专家也认为这是新的重大科学研究领域，是少数民族地区经济发展的重大理论突破。可以说，关慧明提出的发展冷凉蔬菜的倡议为少数民族地区的发展拓展了新视野，打开了新思路。从此，少数民族地区的农业发展又多了一种可能性。

⊙ 上图　2011年5月10日，关慧明（右一）在温室查看辣椒育苗情况

⊙ 下图　2011年5月10日，关慧明（右二）在温室给农民讲解辣椒育苗方法

冷凉蔬菜院士工作站

有心不怕千里远，无心寸步也难移。2012年，在关慧明的大力倡导下、在院士方智远的牵头作用下，全国首家"中国·冷凉蔬菜院士工作站"在乌兰察布市成立了。

乌兰察布市又冷又干，怎么看都不是种植农作物的好地方，但是关慧明一直秉持着一个信念：只要把不好的条件利用起来，那它就会成为唯一的好条件，也就是农村经济发展的"唯一性"。这个思想一直鼓舞着院士工作站的科研人员，大家齐心协力，共同挖掘着现有条件中好的部分，力图实现冷凉地区农业的发展与蜕变。

工作站的工作主要可以分成几个部分，首当其冲的就是引进和筛选了。工作站内，常年有一批人在进行新品种、新技术、新材料的引进，这是由方院士牵头的专家团队。工作站主要引进的是蔬菜、瓜果、杂粮杂豆等农民常见、会种、能吃能卖的作物，每年都要引进300多个新品种，截至2022年已经累计引进4358个新品种了。

光引进还不行，这么多品种，农民种哪个最赚钱？关慧明带领工作站人员用试验帮农民筛选，用数据给农民答案。工作站筛选出了中甘101、中甘21等甘蓝新品种，并创造了中甘21亩产12000斤的全国纪录，获得的经济效益超过了4000万元。除此之外，工作室对胡萝卜、洋葱、玉米等作物都进行了筛选，并帮助农民获得了可观的经济利益。

科学技术是第一生产力。正如关慧明所说："要想使冷凉蔬菜实现大丰收，农民得到真利润，避免出现病虫害，就需要科技的加盟，让冷凉蔬菜健健康康地成长。"

到2022年，院士工作站的专家团队已经取得很多的国家级科研成果和技术专利。在品种培育上，方智远院士团队培育的"中甘"甘蓝在全国冷凉地区的市场占有率超过了80%，庄飞云博士选育的胡萝卜新品种也达成了品质与产量的双优；在增产技术上，气流循环固碳增产技术、洋葱播种带直播技术等有效实现了增产；在防治病虫害上，关慧明团队研发的生态制剂有效填补了国际空白，除此之外还有推广生物肥、小菜蛾防治技术等，使蔬菜免遭病虫害侵袭。

随着科技的发展，冷凉蔬菜基地的建设也逐渐成熟，到2019年，乌兰察布市标准化冷凉蔬菜基地已达50万亩，纯增经济效益达20多亿元。与此同时，"冷凉蔬菜"这一理念也逐渐走出乌兰察布市。目前，在我国的东北、西南等地，都出现了"冷凉蔬菜"的身影，且发展前景良好。

这些年，关慧明一直不遗余力地在全国各地进行理论宣讲。他的宣讲也取得了极大的成效，在科技部领导的认可下，冷凉蔬菜项目被确立为"十二五"国家科技支撑计划。

2017年是内蒙古自治区成立70周年。也就是在这一年，院士工作站迎来了一位特殊的客人——时任国务院副总理刘延东。

在关慧明向刘延东副总理介绍了"冷凉蔬菜"的观念与院士工作站这五年的工作成果后，刘延东副总理颇为重视。自此之后，"冷凉生态""冷凉经济"等概念被引入了内蒙古经济品牌打造中。

冷凉蔬菜院士工作站至今仍在迎接新的挑战，开拓新的路径，当然，也仍在为农民服务、为人民服务。

⊙ 2022年，冷凉蔬菜院士工作站成立十周年，方智远院士题字

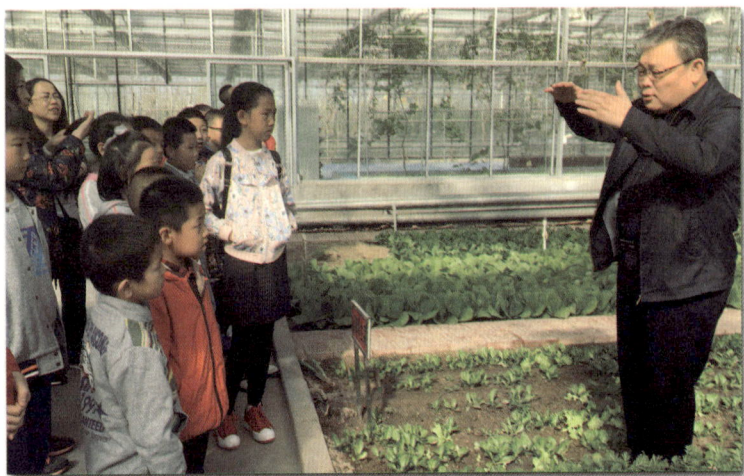

⊙ 上图　2016年8月3日，中国农科院在院士工作站召开现场会，关慧明（前）讲解甘蓝试验示范情况

⊙ 下图　2017年4月29日，关慧明（右一）在院士工作站给来参观的小学生科普蔬菜知识

第六章　胸怀信念守初心

初心不改，笃行致远。在工作中，我们常常会遇到困难、疾病和打击，有的人就此退却，而有的人会勇敢迎击。成功从来都不是一条笔直的康庄大道，它是覆盖着无数荆棘的崎岖道路，只有少数坚持不懈的人才能走到最后的终点，见到最美的太阳。走在路上的人，常常会以为自己是孤身一人，可是这个世界上从来没有人是一座孤岛。身边有陪伴的家人、胸中有坚定的信念，关慧明几十年如一日奔走在服务与研究的道路上，不改、不变、不怕。

最执着的坚守

　　在荣耀的背后，总是刻着密密麻麻的伤痕。有的时候，或许伤痕也是一种美，它记载着你的付出、你的坚持、你的过往时光。在前行的路上，人总会受伤，总会遇到突发事件，但也是这些成就了你。背负着伤痕继续迎着光亮走的人，拥有更强大的勇气和力量。

　　2022年，关慧明迎来了自己的花甲之年。他依然精力充沛，但身体也难免出现很多问题。鼻炎、眼底出血、高血糖、高血压等疾病长期困扰着关慧明，可即使这样，也没能阻止关慧明为农民服务的脚步，这是关慧明一直以来的信念和习惯——绝对不会因为自己身体的状况耽误为农民服务！

　　1990年，发生了一件让关慧明终生难忘的事。在1990年的五六月份，关慧明所在的地方爆发了黏虫灾害。当时的情况紧急而严重，就连马路上都密密麻麻地爬满了黏虫。众人找到了关慧明。关慧明见状立刻联系了农药生产厂家订了些农药，并决定亲自开车去取。

　　那时候已经是半夜了，天色昏暗加上道路崎岖，开车成了一件难事。关慧明心里着急，想赶紧拿到农药，一个不小心，意外发生了。车翻进了沟里，关慧明也受了伤，昏倒了。

等关慧明清醒过来已经是两天之后了。醒来的关慧明看到局长，第一句话就是："咱们的药呢，拉上没有？"

局长连忙回答他："拉上了，拉上了！"看着关慧明躺在病床上的样子，忍不住又说："要不是李彩新（科技局人事科科长）带人去救你，你命都没了！你的头上可是足足缝了十二针！"

听到局长的话，关慧明并没有觉得后怕。他知道，如果再来一次，自己还是会选择开车去取药的。"我自己受点儿伤、吃点儿苦都没什么，只要能为农业、为老百姓做一些事，就值得！"回想起这次危险的经历，关慧明这样说。

除了偶有发生的意外，关慧明身上还有很多"职业病"。2000年，关慧明在察右后旗杨贵村附近指导农民种胡萝卜和洋葱。宁可自己累一点儿，关慧明也不愿意辜负农民的期盼。只要农民有需要，他就会出现。每天去两三个村子辅导、培训都是常事了，最多的一次关慧明在一天之内就跑了五个村子。

也就是跑了五个村子的那天，关慧明犯了"职业病"。那天晚上，关慧明觉得自己的嗓子是紧的，一句话也说不出来。他并没有把嗓子的不适太当回事，只以为是话说得太多了，想着第二天就会好了。谁能想到，第二天早晨关慧明的嗓子并没有好转，情况反而更糟了——他吐了血！

关慧明去看了医生，医生说是声带血管破裂，需要休息。但关慧明怎能闲得下来呢？说不了话，他就想别的办法指导村民。用手比画、亲自演示……不能说话的关慧明仍然奋斗在农业种植

⊙ 关慧明田间工作照

的"第一线"！

实际上，生病却仍然奋斗在第一线，是关慧明的常态。别人是"轻伤不下火线"，关慧明则是不管轻伤还是重伤，都要"上火线"！

有一次，关慧明发了高烧，正在家输液，家里来了农民，着急地说："关老师，关老师！地里出问题了，大家伙都在等着你去给看看呢！"

继续输液还是帮助农民，关慧明自然会选择后者。他几乎是想都没想，就和身边的爱人说："这个输液先帮我停一下吧，我去地里看看。"

哪有输液输到一半就去工作的？何况关慧明还发着烧。感受到爱人的迟疑，关慧明又说："这没什么的，我得先去把农民的事办好了，才能安心输液。"

发着高烧、拖着病体的关慧明拔掉了输液的针就直奔地里，直到给农民处理好问题他才回家继续输液。"想尽一切办法也要为农民解决问题"不是一句口号，这是关慧明这么多年一直在切切实实做的事。

2008年，关慧明做了阑尾炎手术。就在手术的第二天，关慧明接到了农民的电话，说地里的西瓜出现了问题，请求关慧明去看看。

疼得都直不起腰了，但关慧明也没有想过"不去这个选项"，他的信念依然坚定："农民需要我，那我就得到！"想来想去，关慧明找到了解决办法。他找了一辆车，平躺在上面，去现场给农民解决了问题。因为这一趟"运动"，关慧明的伤口半个多月都没愈合，但是关慧明觉得，为农民做了事，自己心里踏实。

在内心中，关慧明始终想要为农民服务一辈子。他希望自己把脚站在农民的土地上、把心思放在农业上，和农民休戚与共。关慧明知道，在漫长的服务道路上，总是要付出代价的。这种付出是值得的吗？对关慧明来说，只要能看到农民的笑脸，一切都值得。

最温暖的后盾

每个人的精力都是有限的，当你把精力都投入到工作中，就难免忽略了家庭，再努力平衡也难免顾此失彼，关慧明也是这样的。正因如此，关慧明十分感激自己的家人，是他们给了关慧明支持和理解，让关慧明能一路前行，服务农民。

最初投入到农业服务事业的时候，关慧明常常入不敷出，甚至有几次已经到了山穷水尽的地步。好在关慧明的爱人十分支持他。关慧明和爱人是在大学认识的，因此他的爱人对他的理想非常了解，也十分支持。看到关慧明一步一步、踏踏实实地为农民服务，他的爱人也是充满了自豪与感动。

1997年，发生了一件让关慧明记忆犹新的事。时值初冬，关慧明和妻子带了1500元打算到北京去，关慧明是为了查资料，妻子则是为了买一件新的羽绒服——她的羽绒服穿了好几年，已经穿坏了。

计划得挺好，可一到了北京，变化就来了。关慧明一到图书馆、书店就兴奋起来，他发现这里有太多他需要的书了！考虑到预算，关慧明在一堆书中做着艰难的抉择。就在他犹豫不决、放下哪本都心疼的时候，妻子主动提出："衣服就不买了，你买书吧！"

听到这句话的关慧明心中既欢喜又自责。他用1500元买了整整两大编织袋的书，舍不得托运邮寄，就生生扛到了火车上。

书是买足了，那么羽绒服该怎么办呢？最后还是关慧明的妻子自己想了个办法。她买了两卷宽宽的透明胶布，把羽绒服上的口子一个一个仔细粘好了。就这样修修补补，这件羽绒服又陪伴她度过了一个冬天。每次看到妻子羽绒服上的透明胶布，关慧明都会想，自己一定要努力，要对得起农民，也要对得起自己的家人。

除了妻子，母亲乌云娜也十分支持关慧明的理想与事业。

关慧明的母亲乌云娜知道儿子在为农民服务，但不知道关慧明每天具体都在做些什么。母子俩距离遥远，当时又交通不便，使得母子俩已经久未见面了。

1995年的大年三十，乌云娜来看望了关慧明。关慧明家当时的家庭状况让母亲十分担心：住的是只有20平方米的小房子；过年也没有新衣服可以穿；大年三十的上午，关慧明还骑车去农户家解决问题。这些都深深刺痛了乌云娜的心，她对关慧明实际在做的事并不十分了解，但她知道日子不应该过成这样，于是她就问关慧明夫妻："你们两口子都是大学生，你们的同学都升官发财，把日子过得像点儿样了，你们俩为啥会这样呢？"

在关慧明心中，那顿大年三十的晚餐更像是一场"教育"。母亲用提问的方式了解儿子的生活，这让关慧明想到了小时候回到家时母亲的提问与训话，不同的是，这一次，关慧明可以十分自信、自豪地说出自己在做什么。

关慧明详细地说明了自己现在的工作，还把《乌兰察布日报》《内蒙古日报》对自己的报道拿给母亲看。

"你做得对，全家人都要支持你。但是我得在你这儿住一段，看看你是怎么做这项工作的。"看完报道后，母亲理解了儿子的工作，但她还是想留下，看看怎么能在生活上帮助帮助儿子。

乌云娜跟着儿子一起早出晚归，也跟着儿子下地看田，听得见农民对儿子的声声感谢，更看得到关慧明把仅有的钱都用来买书、买农药。

观察了一段时间后，乌云娜对关慧明说："你这样不行，你没有钱支撑，干不下去的。"话是这么说，可身为母亲的乌云娜当时生活也很拮据，拿不出钱帮衬儿子；关慧明那时年轻，守着所谓"知识分子的傲气"，放不下架子，也不懂得如何去挣钱。

乌云娜在这个时候给关慧明上了一课。她拿出十块钱，对关慧明说："这十块钱你就拿去买各种原料，然后把我送到村里，我去卖给农民们。"

"这能挣几个钱啊，能解决问题吗？"关慧明觉得母亲的建议并不靠谱，也没有太当回事。谁知道，两个月之后，母亲把账目拿给关慧明看，这十块钱居然做成了六百块钱的事！"虽然这六百块钱你没拿到手，但是也都是花在这个事情上了，钱得这样一点儿一点儿来。"母亲的教导给关慧明带来了深深的启迪，他按照母亲说的，"谁家用啥你就去送，把钱收上，再用这钱买原材料。"就这样一点儿一点儿地把给农民买农药的经济来源稳定住了。

虽然有线给农民买农药了，但一家人的生活开支还是难以维系，卖农药的钱最后还是花在了农民身上，关慧明一家虽然"不赔"，可也"没赚"，生活开销依然让人发愁。为了克服困难，关慧明的母亲乌云娜会从乌兰察布赊一些皮手套，拿去东北卖。

东北的冬天极其寒冷，最低气温甚至会跌破零下30℃。即使严寒，乌云娜仍是坚持每天早上五点钟起床去卖皮手套，就这样坚持了两年时间。和之前母子俩一起去伐小杆相似，都是一样寒冷的天气，都是母子俩为了同一件事情努力。时光流逝，却总有不变的东西。

关慧明一直认为，自己在为农民服务的过程中，收获了很多的善意。农民的声声感谢、组织的表彰奖励是对关慧明工作成果的肯定，还有很多善意，是在关慧明困难时伸出的手。因为一直帮助别人，关慧明的人缘可以说非常不错，很多人都受过他的帮助，到了关慧明有需要的时候，他们也义不容辞。

关慧明认识一个卖农药的人，叫小孙，小孙的哥哥就是做皮件生意的。听说乌云娜在到处找皮手套，小孙就联系了哥哥，把皮手套赊给乌云娜。当关慧明向他道谢时，他还说："关老师，你帮了我们这么多，这算啥！"

做技术研究的，总需要查资料。夏天的时候有生产、有资金流动可能还好，到了冬天，温室生产也停了，关慧明一点儿多余的钱都拿不出来了。研究还要继续，资料还得查，关慧明只能省吃俭用，凑出查一个小时资料需要的50元钱，然后再到中国农科院信息所去查询。

可能是去的次数多了，当时负责管电脑的朱霞也对关慧明眼熟了。一次，正当关慧明又查满了一个小时，准备回家时，他被朱霞叫住了："我看你总来，要不就这样，你下次进去别出来，在里面直接查一天，我就只收你50块钱就得了。"关慧明连忙道谢。

莎士比亚在《驯悍记》中写道："别人为你做了一件哪怕是最微不足道的事，也得谢谢人家。"对待别人的帮助，关慧明时常心存感谢；面对别人的善意，关慧明常将其视作力量与后盾。这些来自家人、朋友甚至陌生人的帮助像一束又一束的火把陪伴着关慧明跋涉，给予着关慧明力量。

最坚定的信念

守其初心，始终不变。坚守一线几十载，关慧明的身边已经换过好几批人了。当初的伙伴有的升官发财了，有的直接转行了，大多数人早已志不在此。

年轻的时候，关慧明的心中充满了豪情壮志："等有机会

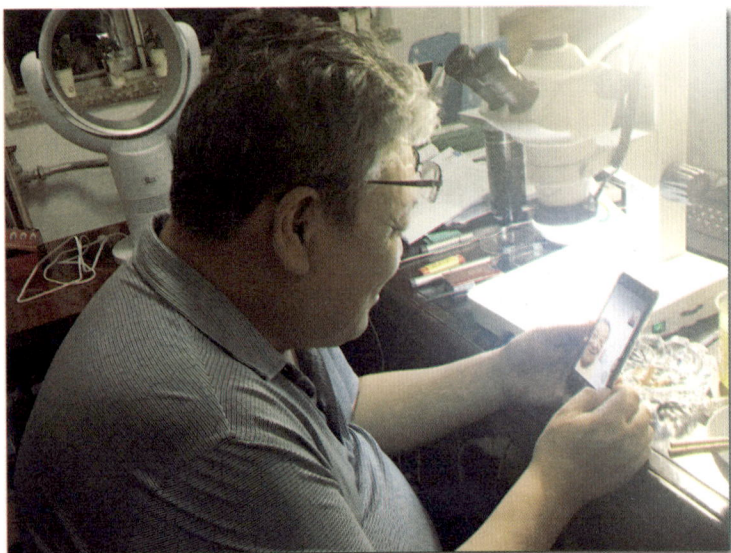

⊙ 2017年6月5日，关慧明与父亲视频通话

了，我一定要到大城市去，到大的平台上去施展自己的能力！"2008年，关慧明梦寐以求的机会来了。宁夏大学向关慧明抛出了橄榄枝，邀请他到宁夏大学作教授。年轻时的梦想唾手可得，关慧明却一想再想，还是没有去。"我跟土地和农民已经有深深的感情了。"关慧明这样说。

坚守从来都不容易，放弃名利的坚守更是少见。是什么支撑着关慧明穿越时间，一路坚守的？关慧明认为，这个"支撑"，在不同的时代是不一样的。

刚毕业的关慧明想法其实很简单，用他自己的话说，就是想法很"初级"。关慧明觉得既然自己学的是蔬菜，心里又一直有给老百姓服务的愿望，那就应该干这个，如果要改行做别的，自己也不会。秉持着"为农民服务"的信念，关慧明开始了自己驻扎农村几十年的旅程。

在全力以赴的努力和奋斗之下，人的心中会逐渐树立起坚定的信念。关慧明日复一日下地、帮农民解决问题，看似单调的工作却在不知不觉中让他萌发了新的信念。在他自己都还没发现的时候，这信念就已然像磁铁一样吸引着他，把他留在了土地上。

那时候关慧明一个月连十块钱的收入都没有，家里都揭不开锅还要下地去给农民解决问题，其实靠的就是一股气，"我总得把农民遇见的问题研究透了。"咬咬牙，继续攻下去，这一攻就是几十年。

到了最近十年，关慧明仿佛进入了另一个层次，他时常感觉到一种历史责任感，"近十年能支撑我坚持下去的，就是这个。"

要说这"历史责任感"，很大一部分还要感谢方智远院士。方院士对关慧明是一个指路灯般的存在，他让关慧明把视野放宽到了世界，从而了解到中国的蔬菜产业在世界范围内的优势与劣势。"我们的目标不仅是技术呀，我们的目标是让我们国家的蔬菜国产化！"方院士的这句话，关慧明始终牢记在心。

所谓"道贵制人，不贵制于人也"，任何技术都是掌握在自己手中更好。"卡脖子技术"指的是别的国家有但我国还没有的核心技术，他们常常在产业运转中处于关键位置，不可缺少。这种技术的缺失于我们就好像人被卡住了脖子一样，命运掌握在别人手中，自己随时可能窒息。

我国目前的蔬菜种子自给率已经高达87%了，但与此同时，仍有不少蔬菜产业面临着"卡脖子"的困境。胡萝卜、菠菜等都是我们常吃的蔬菜，可是让人难以想象的是，我国规模化种植的这些蔬菜，种子很多都是靠进口的，胡萝卜、菠菜、青花菜、洋葱这四种作物有70%以上种植面积的种子需要进口。可以说，在蔬菜产业，我们仍然需要"夺回主动权"。

2022年，60岁的关慧明已经到了退休的年龄，但他并没有选择享受生活，而是在历史责任感的召唤下，选择了继续奋斗在"战斗"前线。

"目前，咱们国家的胡萝卜育种工作已经取得了重大的突破，西兰花的研究也开头了！"说到育种领域的新成就，关慧明满脸自豪，因为这就是关慧明近十年正在做的事，是关慧明的"历史责任感"。

一个人如果坚持做一件事，那必定是内心有一种精神力量支撑着他。"个人追求"可以成为一种精神力量吗？可以，但是它太过浅显，实现之后就会让人失去动力。纵观自己奋斗的几十年，关慧明认为，支撑自己坚持下去的精神因素虽然随时代的改变而略有不同，但核心都是一样的：它们都是社会性的。

信念其实就像是一座灯塔，它让你在深夜的海上航行时不会迷路。人投入工作几十年，谁会全无犹豫、毫不迟疑呢？有的人心中没有信念，于是他随波逐流、庸庸碌碌；有的人心中有着信念这座灯塔，于是他在迷雾之中也可以向着光亮航行。

从最初的"为农民服务"到后来的"把问题研究透"，再到近些年的"历史责任感"，关慧明的精神动力虽然几经改变，但不变的始终都是他"为人"的一份心。也正是因为这一份"为人"而不"为己"的心，关慧明才能做到一生坚守。

⊙ 2015年11月20日，关慧明（右一）在贵州省黔西南布依族苗族自治州调研

第七章　荣誉在身砥砺行

你奉献给世界什么，世界就会回报给你什么。从一个普通大学生到自治区劳动模范、全国先进工作者，关慧明一路走来，脚踏实地，实至名归。他在田间地头，也在礼堂会场；他讲的话帮助农民增收，也在国际会议上收获反响。发光的瞬间令人激动，可这从来都不是关慧明心目中最后的目的地。不如将那些瞬间看作路途中的一个激励，然后忘掉它，再次踏实脚下的泥土，再次回到农民身边。

科技特派员

没有人是一座孤岛，活在社会中，我们所做的每一件事都会被人看在眼里、记在心上。在农田间忙碌了很多年，关慧明一直没觉得自己做出了多大的贡献，更没期望自己能被关注、被记得。

2003年的一天晚上，关慧明还在田间工作，内蒙古科技厅忽然派人来，请关慧明吃饭。自己"穿着布鞋两脚泥"的，能有啥事？关慧明心中也在纳闷。

晚上七点多关慧明才到吃饭的地方，当时人都已经到齐了，可桌子上的饭菜还一筷没动，显然，这个饭局关慧明才是主角。科技厅的张淑娴处长对关慧明说："关慧明，我就在等你来。"

等自己？是有什么事？关慧明的心中有一百个问号飞过。只听张淑娴处长说："现在全国要推行科技特派员制度，我们觉得你就挺合适的。"见关慧明不解，张处长又解释了"科技特派员"的意思。

科技特派员制度是习近平总书记1999年在福建省南平市提出来的。当时为了探索和解决"三农"问题，政府选派了225名科技人员进村开展科技服务，这也为全国推行科技特派员制度开了先河。通俗地讲，科技特派员制度就是科技人员深入到农村去，用技术帮助农民、发展农村，把自己和农民变成"利益共同体"。

一听张淑娴处长的解释，关慧明瞬间来了兴趣。这说的不就是自己吗！张处长也说："你就是典型的科技特派员，与农民共发展，与农业共奋进。"

拥有多年的实践经历，在组织的推荐下，关慧明很快就成为科技特派员。他的内心非常感谢这个制度，有了这个制度，他就能名正言顺地投入到农业生产中了！

作为科技特派员的"领头羊"，关慧明十分认真地对待农业生产。他在乌兰察布引进了黄皮洋葱、金瓜（南瓜的一种）、甘蓝、礼品西瓜等新品种，为乌兰察布的土地增添了不少新色彩。他提出的洋葱栽培技术使当地数万亩洋葱达成了亩产万斤以上。可以说，作为一名科技特派员，关慧明百分百合格！

百尺竿头，更进一步。成为科技特派员的关慧明更加认真、审慎地研究，更加热情、用心地服务农民。2006年，关慧明收获了荣誉。在内蒙古自治区的优秀科技特派员表彰会上，关慧明作为代表发了言。

现在，科技特派员制度已经愈发成熟了。乌兰察布市的11个旗县市都已经建立了服务示范基地，科技特派员进行跟踪服务。在关慧明和其他科技特派员的共同努力之下，全市农业种植在品种、技术等各个方面均实现了飞跃。在品种方面，全市国产良种仅甘蓝一项推广面积就达14万亩，每亩纯增收达1000多元；在技术方面，病虫害生态制剂防治技术的推广面积超40万亩，每亩减少损失超500元。全市约有20万户菜农因此增收，户均增收也达到了1600元。

作为科技特派员，关慧明始终关心基层情况，也希望更多人能知道中国农业一线的最真实情况。2007年的正月十四，一场面向国际的科技研讨会在广西北海召开，参会人士包括时任联合国开发计划署中国首席代表南书毕、时任科学技术部副部长刘燕华，以及各国相关行业代表，关慧明作为最基层的科技工作者也收到了会议的邀请。

当时，参会代表都只有五分钟的发言时间，唯独关慧明与浙江大学的张放教授有半个小时的发言时间，这实际上就代表着，大会希望能更多地了解基层的情况。

在这场国际会议上，关慧明不懂英语、不讲理论、不说大道理地讲了半个小时。他讲农户的生活，讲怎么从技术角度改变农村，也讲农户在经济上、社会上的改变。这些都是关慧明亲身经历的事、亲眼看到的改变，因而他讲得游刃有余。

关慧明的发言产生了极佳的反响。在后续发言中，关慧明听到来自南非国家的代表反复提到了自己的名字，而且讲的时候十分激动。关慧明听不懂他们的语言，不知道具体在说什么内容，但他的内心隐约知道，自己的发言产生了不错的反响。

这次会议之后，科技部每年都会在各个省举办科技特派员的经验介绍与培训，关慧明也因此与很多省份的科研人员有了交流，至今仍与他们有着服务、指导联系。关慧明从乌兰察布出发，逐渐走向了全国服务网络。

关慧明本人对这次会议的印象极为深刻，他认为，自己因为这次会议发生了根本的改变。

就是在这次会议上，刘燕华副部长鼓励关慧明，作为科技特派员，作为基层的科技人，可以以公司的形式、以组织化的形式服务，这样比个人服务要更好。

当时的关慧明并不理解刘燕华副部长的建议，他觉得和自己的小团队一起在基层帮帮忙、服务服务农民就已经很开心了，似乎没什么必要办公司。

然而，在2007年的下半年，关慧明还是组建了服务公司。一方面是因为刘燕华副部长的建议，另一方面组建服务公司也能够便捷地帮助到农民兄弟。

事实证明，这是一个非常正确的决定。关慧明的公司组建不久，国务院就出台了文件，鼓励科研人员开办公司。

成为劳模

"困难的本质是一种停顿状态，因了某种阻遏，停止在中途。只要你向前走，也许'难'还在，但'困'就已经解除了。"

1991年的时候，关慧明被停了工资，这实际上就进入了他农村工作的一段困难时期。好在，关慧明并没有停在原地。他还在为农民服务，他还在"向前走"。

到了1995年，三下乡政策出台后，领导按政策为关慧明恢复

⊙ 2004年，关慧明（右三）作为内蒙古自治区首批科技特派员在乌兰察布市察哈尔右翼前旗移民区育苗

⊙ 上图　2016年，关慧明在湖北武汉给科技特派员讲课

⊙ 下图　2016年8月2日，关慧明在研讨会上发言

了工作与工资，还额外拿出了5000元经费支持关慧明。当然，这5000元经费最后都被关慧明用于为农民服务了。

"如果你渴求一滴水，我愿意倾其一片海；如果你要摘一片红叶，我给你整个枫林和云彩。"在很多年里，关慧明燃烧自己，服务农民。他自己节衣缩食，却要把材料免费发放给农民；他自己早出晚归，只为让农民的每一亩地都最大可能地丰收。关慧明尽心尽力，农民和组织自然也都看在眼里、记在心上。2000年，在评选内蒙古自治区劳动模范的时候，关慧明的名字被提了出来。经过一系列了解情况的程序后，关慧明顺利成为内蒙古自治区劳模。

评上自治区劳模，改变关慧明的生活了吗？对关慧明来说，有的东西是永远都不会改变的，比如他对农民的关心、为农民服务的决心，但有的东西也悄然改变了。

"这个劳模一当上，和我以前的感觉真不一样。"关慧明这样说。在成为自治区劳模之前，关慧明想得十分单纯，就只是想把自己大学学到的专业知识利用上，多给农民服务。在评上自治区劳模的那一刻，关慧明一下子就有了一种荣誉感、一种责任感。"我得对得起这个称号，得更用心地服务农民，以农民的事为己任！"关慧明在心中告诉自己。

事实上，关慧明的确在之后更努力、更用心了。2000年的时候，关慧明的技术已经进入了成熟期。但他仍在服务农民的过程中不断改进技术，在研究农业的过程中不断探索。终于，关慧明把技术和想法结合了起来，摸索出了一个能推动产业发展的新事物，也就是后来的冷凉蔬菜产业。

2010年，关慧明再次被评为内蒙古自治区劳动模范。两次获得劳模荣誉并没有使他飘飘然，反而激励他更加全心全意地投入土地、投入农民。

2011年，乌兰察布市政府为关慧明安排了一个副处级职位，这是政府层面给予关慧明的鼓励与表彰，是组织上对关慧明的肯定与嘉奖。关慧明十分感动，却在第二年主动辞去了这个职位。原因无他，关慧明只是想把自己的全部精力都投入农村，投入到为农民服务中去。

回到技术岗位，关慧明感到十分安心，他觉得这才是自己真正的位置。工作十几载，关慧明在内心深处还是燃着"为农民服务"这把火："不管几十年，我们困难也好，不顺也好，都要坚持初心不忘！"

2020年，关慧明被评为全国先进工作者。在人民大会堂，他同其他来自全国各地的劳动模范、全国先进工作者一起收获了荣誉。

"……同志们！光荣属于劳动者，幸福属于劳动者。我国工人阶级和广大劳动群众要更加紧密地团结在党中央周围，勤于创造、勇于奋斗，努力在全面建设社会主义现代化国家新征程上创造新的时代辉煌、铸就新的历史伟业！"习近平总书记的讲话一方面高度评价了劳动模范和先进工作者的重大贡献，另一方面又提出了新时代中国特色社会主义道路的要求，使关慧明热血沸腾、倍受激励。

劳模表彰大会结束后，关慧明心中的热血仍久久不能平息，习近平总书记的一字一句都刻在了他的心上，关慧明更加严格地要求自己，一定要始终站在农民立场上，为农民服务。

2021年，关慧明彻底在农村扎了根。他在农村租了房子，每天就住在农村，和农民们"零距离"接触，和农民一起切磋经验、解决农民提出的种植问题、帮助农民增收致富。这些是关慧明的日常工作，是他乐在其中的终身事业，也是他一生的价值追求。

不忘初心的人大代表

除去全国先进工作者，关慧明还有一个十分亮眼的身份——自治区人大代表。

关慧明在2018年被推选为自治区人大代表。这个身份意味着新的使命、新的责任，但关慧明十分乐于担起这份责任，因为这与他"为人民服务"的初心不谋而合，也为他提供了一个更好地反映农民建议、推广自己理论的机会。

长期在基层工作，关慧明非常知道农民需要的是什么；长期在农业领域耕耘，关慧明对农业发展有着自己独到的见解与成熟的思考，也更了解一线科研人员的需求。关慧明十分认真地对待"人大代表"这一身份，经过谨慎思考和多方询问，他提出了"冷凉干旱区发展生态优质农牧业"和"建立健全前沿科技领域人才稳定支持机制"两条建议。

关慧明所提出的建议获得了上级党政部门的采纳。在之后的《内蒙古自治区党委关于贯彻落实习近平总书记考察内蒙古重要讲话精神决定》中，关慧明的建议也被采用。

一系列的认可和肯定让关慧明倍受鼓舞，他激动地说："民以食为天，国以农为本。进入新世纪以来，中央连续出台15个'一号文件'聚焦'三农'问题，提出了走中国特色农业现代化道路的基本方向，部署了加快发展现代农业、建设社会主义新农村的战略任务。习近平总书记对农业科技创新的一系列重要指示，更是说到了我们科技人员的心坎上。2019年9月，习近平总书记给全国涉农高校书记和专家代表的回信中，再次提及乡村振兴战略，鼓励和激励我们科技工作人员在农村广阔天地大施所能，大展才华。话语声声催奋进，作为一名受党教育、培养、关心、呵护、支持的科技特派员，作为一名人大代表，我要不忘初心，坚持坚守，努力拼搏，为乡村振兴这篇'大文章'，做出新贡献。"

除此之外，关慧明也常常充当一个"通道"，以期让上级部门及领导了解现在的农业情况。内蒙古自治区十三届人大四次会议中，关慧明介绍了节水蔬菜耗水少而收益高的种植经验，介绍了正在培育的生态节水新品种，这个新品种比传统品种能节水40%以上，有望促进北疆绿色生态屏障的建设。

第八章　传播技术在路上

要怎么描述三四十年的时光呢？是历史长河中的沧海一粟，是一个人一生岁月的二分之一，是帮助几十万农民的每一次出发、每一次落地。从年轻力壮到花甲之年，关慧明将自己的人生大半奉献给了服务农民这一件事。他说自己并不是什么了不起的人，可是在农民的心中，"关慧明"这个名字早已是一束光了。

关慧明"小课堂"

乐在途中，永不止息。关慧明是一个始终"在路上"的人。这不仅是说他的技术总在进步，也是说他总是走在为农民服务的路上——真正意义的"在路上"。

农民有事，关慧明总要去解决。不论天南海北，不论人数多寡，只要农民给他打电话、发图片了，关慧明就会答应下来，然后去现场指导和帮助农民。有时坐火车，有时乘飞机，关慧明常常在帮助农民的路上；有时是一群人，有时是一个人，但无论是多少人，关慧明指导得都一样用心。全国的三十几个省份关慧明几乎都去过了，指导过的农民也有几十万人了。

取得如此好的成绩，关慧明却十分谦虚。指导工作在他看来本就是力所能及的事，无须收费，更不值得多提，一次培训只要能影响到一个人就已经是一件好事了："我觉得帮助农民解决了问题，就是帮助国家解决了一个难处。农民有困难我们都得伸手帮助。"

一次，关慧明在通辽奈曼旗的一个村给农民讲课，讲完之后，农民给关慧明拿了3000元钱。关慧明的内心是十分感动的，他知道，这代表着农民对他的认可，可是他还是拒绝了这笔钱。

"我是国家的人，我是领国家工资的，我不能要你们的钱。"在很多地方，关慧明都说过同样的话。

不仅不收钱，关慧明还常常自己搭钱做事。关慧明给自己定过一个规矩，那就是既然农民找到了自己，就绝对不能辜负农民。这么多年，关慧明是怎么做的呢？只要是农民需要的东西，种子也好，农药也好，关慧明全都主动、免费给。这么多年，关慧明几乎每天都要往外面发快递，费用都是自己承担的。

被评为自治区劳模之后，关慧明获得了一笔奖金。一心扑在农业上的关慧明没有任何犹豫就把奖金交给了工会。他想，既然是农民们让自己获得了这个荣誉，那么这笔奖金也就应该用在农民身上。

关慧明也常常主动做一些捐赠。2013年6月，乌兰察布市出现了洋葱病毒病，蔓延了三万多亩地。面对这种局势，乌兰察布市科技局在商都县小海子镇举办了防治现场会。关慧明不仅做讲座、做演示，还在会上捐赠了价值两万元的药品用于防治洋葱病毒病。

虽然每天都马不停蹄地赶赴各地帮助农民，但关慧明毕竟分身乏术。要怎样才能帮助到全国各地更多的农民？要怎样才能把自己研究出的最新的产品应用到生产？关慧明每天都在思考这个问题。

每年冬春时节，乌兰察布市科技特派员联合会都会举办蔬菜适用技术培训班。从土壤、种子到病虫害防治，再到收获后的储藏与销售，有关蔬菜种植的一切事宜，关慧明都事无巨细地讲解。培训有时在室内，有时在田间地头，每次培训都能吸引一大批农民前来围观、学习，他们也纷纷表示关慧明老师的课程非常实用。

关慧明的课内容翔实又深入浅出，农民们听完立刻就能应用到生产中，也就是因此，"关老师"的名号越来越响，他的实用技术课也从乌兰察布市农村一路开到了更大的地方。从内蒙古的鄂尔多斯、通辽到北京、天津、河北，再到联合国开发计划署召开的"发展中国家科技论坛"，关慧明的课程逐步面向越来越多的人，他的技术也被越来越多的人应用到了实践中。

在"发展中国家科技论坛"会议上，关慧明围绕"走中国特色的农业推广之路"这一主题做了发言，而他本人也因为突出的科技推广贡献，两次获得联合国开发计划署授予的"优秀科技特派员"称号。

几十年走过来，关慧明帮助了很多农民，也收获了很多。越来越多的人知道他、感谢他，可他始终谦虚，总是觉得自己取得的工作业绩不值一提，"应当说是党和人民几十年培养教育的成果，是农民支持的结果，是同事和家里人支持的结果"。

"向往你的向往，幸福你的幸福，不忘初心，继续前进。"走过很多的地方，开过很多的会议，得过很多的褒奖，关慧明的心中却始终挂念着田地与农民。

2020年初，尚未恢复工作的日子，关慧明心中长久地挂念着农民与田地。难以亲临现场，关慧明就用网络视频的方式给农民做指导、做培训，一年的时间里，关慧明录了十几个片子，数以万计的农民都曾从关慧明的教学视频中受益。

在仅仅三个月、不到100天的时间里，关慧明就为农民服务了500多次，笔记也从一片空白猛增到了七万余字。关慧明记录下这些笔记当然不是为了炫耀自己的功绩，他这么多年留存下来的资料，其实都有一个用处。

"我不是一个伟大的人，也没有什么突出之处，随着年纪大了、老了，一样会遗忘。但是我的经验可以留给后人。"关慧明朴实的话语藏着他的一片真心。于是，他总结自己遇到的技术问题，把成熟的技术编成了一本书出版。

关慧明刻意没用晦涩的专业术语讲述高深的理论。这是一本要给农民看的书，当然要写农民方便看、好操作的东西。

不管外面的世界发生什么样的变化，关慧明为农业奉献的心从来都没有变。2022年，已经60岁的关慧明仍然奋斗在科技助农的第一线，他还在为中国农业探索新技术和新可能。

沙漠一直以来都被看作"不毛之地"，它的干旱使得树、草、作物都难以生长。然而，关慧明的辩证思维告诉他，沙漠不可能全是不好的，它必定也有好的地方，只要抓住了好的地方，就一定能创造奇迹。

沙漠的优势是什么呢？关慧明和他的团队反复调研、反复思考，最后得出了一个结论：沙是可以保水的。液态的地下水在地表主要有三种形式，即重力水、结构水与毛细水，其中只有毛细水是可以被植物吸收利用的。沙的孔隙度大，不能形成毛细水管结构，也就无法形成虹吸现象，毛细水无以蒸发。因此，他们只需要解决沙漠表面3厘米的干燥就可以了，因为3厘米以下的毛细水是稳定的。

得到这个结论，关慧明团队就知道该如何在沙漠"创造奇迹"了。他们选择了一种深根、固氮、耗水量极小的作物——柠条。在播种期，关慧明和他的团队采用了一些给地表补充水分的技术，在播种后隔天给柠条种植区域喷水，每次每亩地使用不超过300斤水。三次喷水之后，柠条的根系就已经深入到沙漠表面3厘米以下了，可以靠吸收地下水继续存活了。就这样，每亩地给不到1000斤水，就能把一片干旱的沙漠变成绿洲了。

关慧明关心现在的农业，也关心中国农业的长久发展。在长期的实践中，关慧明逐渐把自己摸索出来的经验和指导自己思想的辩证法结合到一起，形成了一套自己独有的方法论。关慧明先后带了十几个研究生，每带一个研究生，就会把自己的方法论分享给他。这些方法和经验成为研究生前行路上最宝贵的财富，引领着他们做出更多的贡献。目前，关慧明的学生有的已经成为专家，有的正在为社会做出贡献。看着逐渐成长的后辈，关慧明倍感欣慰。

要做实验，要总结材料，还要解决农民在种植过程中随时出现的各种问题，关慧明每一天都十分忙碌，甚至可以说像一个陀螺一样，不停旋转。从天光微明到夜深人静，年龄已经"6"字开头的关慧明依然每天忙个不停。他所研究出的理论、解决过的问题已经使一寸又一寸的土地丰收了，但他还在努力。这是一个科技工作者的信念，也是一个劳模的信念。

永远在路上，永远为了更好的明天而奋斗！

⊙ 2015年，关慧明（中）在贵州农田间

⊙ 关慧明（右一）在乌兰察布市察哈尔右翼前旗南村温室解答农民提出的问题